골프 규칙만 잘 알아도 10타를 줄인다!

2019년 달라진 골프 규칙

꼭 알아야 할 100가지

김경수

- 전주고, 한양대(산업공학) 졸업
- 1987년 한국경제신문 기자
- 1993~2011년 한국경제신문 골프담당 기자(약 18년)
- 2011~2016년 아주경제신문 골프전문 기자(약 5년)
- 2014년~현재 대한골프협회 경기위원
- 2010년 대한골프협회 주관 레프리스쿨 합격
- 2017년 R&A 주관 레벨 3 TARS 합격(Pass with Merit)
- 마스터스 골프 토너먼트 14회 현지 취재(1997~2019년)
- 저서: 주말골프 무조건 10타 줄이기(2008년, 한국경제신문)
  스코어를 줄이는 골프규칙 100(2010년, 한국경제신문)

골프 규칙만 잘 알아도 10타를 줄인다!

2019년 달라진 골프 규칙

꼭 알아야 할 100가지

김경수 지음

도서출판 정음서원

머리말

"골프 규칙이 바뀐다는데, 도대체 어느 부분이 어떻게 바뀌는가요?"라는 질문을 2018년 말부터 지인들한테서 받았다. 볼 찾는 시간이 3분으로 줄어들고, 볼이 분실이 되거나 OB가 날 경우 2벌타를 받고 앞에서 칠 수 있다는 것 등은 풍문으로 아는데, 구체적으로 무엇이 어떻게 달라지는지 궁금해 하는 사람이 많았다.

더욱이 새 골프 규칙 책은 종전과 달리, '어느 부분이 어떻게 바뀌었는지'에 대한 설명이 없었다. 그래서 아마추어 골퍼나 프로 골퍼, 심지어 경기위원들마저도 신·구 규칙을 비교·구분하는데 적지않이 품이 들었다. R&A(영국골프협회)나 USGA(미국골프협회) 홈페이지에 들어가면 어느 정도 파악할 수 있는 길이 있지만, 그 역시 영어에 익숙지 않은 골퍼들에게는 쉽지 않은 일이었다.

바로 그 점이 이 책을 내게 된 동기다.

책을 펴내기로 마음먹자 이번엔 '어디까지 다룰 것인가?'가 고민이었다. 개정된 부분을 포함해 골프 규칙 전체를 망라할 것인가, 아니면 변경된 부분만 집중적으로 다룰 것인가. 결국 후자로 결정했다.

이 책은 골프 규칙의 기본적인 부분, 종전과 달라지지 않은 규칙은 골퍼들이 이해하는 것으로 간주하고 개정된 부분만 다뤘다. 어찌 보면 '불완전한 골프 규칙' 책이다. 그렇더라도, 새 규칙 내용을 궁금해 하는 골퍼들이 있을 것으로 생각하고 그 부분만 요약했다.

따라서 이 책은 단독으로는 골프 규칙 전체를 포괄하지 못한다. 2019년에 달라지는 내용만 담았기 때문이다. 그 외 대부분의 골프 규칙은 대한골프협회에서 낸 '골프 규칙'을 참고하기 바란다. 거듭 말하지만, 이 책은 '골프 규칙'의 보완재이지, 대체재가 아님을 알고 보기 바란다.

작은 책자이지만, 출판하기까지 도움을 준 여러분들에게 고마움을 표시한다. 특히 대한골프협회를 비롯한 각 골프협회 경기위원들께 감사드린다. 항상 아들을 염려해주시는 아버지께 이 책을 바친다.

2019. 2

김 경 수

일러두기

- 이 책은 R&A와 USGA에서 발행한 '골프 규칙'을 보완하는 용도(보완재)로 만들었다. 골프규칙 전반을 다룬, '골프 규칙' 대체집이 아니다. 그러므로 이 책은 '골프 규칙' 책과 함께 보는 것이 더 효율적일 듯하다.
- 이 책의 내용 대부분은 2019년부터 적용되는 새로운 골프 규칙에 관한 것이지만, 종전 '골프규칙재정'에서 이미 언급된 내용도 일부 포함됐다.
- 이 책 발간 후 R&A와 USGA에서 새로 발표하는 규칙 관련 내용은 그에 따라야 한다. R&A와 USGA는 새 규칙이 발효된 한 달여밖에 안 된 2019년 2월 6일 '천명(clarifications) 자료'를 통해 규칙 10.2b(4)를 원안과 다르게 완화·적용한다고 발표했다. 이 책이 나온 후에도 적지않은 내용들이 수정·보완됐고, 어떤 것들은 로컬룰로써 허용할 수 있도록 했다.
- 말미에 붙인 '용어의 정의'는 대한골프협회에서 발간한 '골프 규칙'에 실린 내용을 전재한 것이다.
- 100가지 항목 외에 장과 장 사이에 있는 '그늘집'(12가지)은 말 그대로 쉬어 가는 곳이다. 그늘집 내용은 저자 생각이니만큼 참고만 하기 바란다.
- 여러가지 구제 상황을 설명하는 그림은 R&A와 USGA에서 제시한 사례를 인용했음을 밝힌다. 사진은 미국PGA투어 유러피언투어 USGA R&A USA투데이 골프다이제스트 KLPGA투어 KPGA투어 홈페이지 등에서 갈무리했다.
- 이 책에서 미흡한 부분이나 궁금한 사항이 있을 경우 저자 이메일 (ksmkksmk@naver.com)로 그 내용을 보내주시면 곧 답을 드리겠다.

주요 변경 사항

R&A 홈페이지에 실린 새 골프 규칙의 주요 변경 사항을 정리했다.

■ 새 골프 규칙의 5대 주요 변화

1. 드롭 방법
2. 볼 찾는 시간 3분으로 단축
3. 퍼팅그린의 스파이크 자국 수리
4. 깃대 꽂은 채 스트로크 가능하고 퍼팅그린에서 스트로크한 볼이 그 깃대에 맞아도 무벌타
5. 페널티구역 규제 완화

■ 꼭 알아야 할 변화된 새 규칙 '톱20'

1. 무릎 높이에서 드롭
2. 골프백에서 가장 긴 클럽(퍼터 제외)으로 드롭구역 측정
3. 구제구역내에 드롭하고 그 안에서 플레이
4. 후방선 구제시 선택한 기준점보다 홀에 가깝지 않은 곳에서 플레이
5. 볼 찾는 시간 3분으로 단축
6. 플레이어의 볼 찾다가 우연히 움직이면 벌타 없이 리플레이스
7. 두 번 치기 무벌타
8. 스트로크 후 볼이 우연히 플레이어나 플레이어의 장비에 맞아도 무벌타
9. 깃대 꽂아두기로 했을 때 스트로크한 볼이 그 깃대 맞아도 무벌타
10. 스파이크 자국 등 신발로 인한 퍼팅그린 손상 수리 가능
11. 퍼팅그린에서 우연히 볼 움직여도 벌타 없이 리플레이스
12. 퍼팅그린에서 마크하고 집어들고 리플레이스한 볼이 바람에 의해 움직이면 원래 자리로 리플레이스
13. 페널티구역에서도 일반구역에서처럼 루스임페디먼트 제거, 클럽 그라운드, 연습 스윙 가능
14. 페널티구역에 볼이 있다는 확률이 95% 이상이어야 페널티구역 구제 가능
15. 벙커에서 루스임페디먼트 제거하거나 움직일 수 있음
16. 벙커에서 클럽으로 볼 바로 앞·뒤의 모래를 건드리거나, 연습 스윙·백스윙 도중 모래를 건드리면 안됨
17. 페어웨이에서든 러프에서든 박힌 볼은 벌타 없이 구제 가능
18. 벙커에서 언플레이어블볼 구제시 추가 옵션으로 2벌타 받고 벙커 밖에 드롭 가능
19. 플레이어가 스탠스를 취하기 시작하면 캐디나 파트너는 플레이어 뒤에 서있지 못함
20. 플레이 속도 향상 위해 40초내 스트로크 권장. 스트로크플레이에서 '레디 골프'(ready golf) 장려

차 례

- 머리말 ·· 4
- 일러두기 ·· 6
- 주요 변경 사항
  - 새 골프 규칙의 5대 주요 변화 ··· 6
  - 꼭 알아야 할 변화된 새 규칙 '톱20' ····································· 7

제1장 – 드롭·구제구역

1. 드롭을 올바르게 하는 세 가지 원칙 ·· 16
2. 구제구역이란 ·· 18
3. 올바른 방법으로 드롭한 볼은 반드시 구제구역에 정지해야 완전한 구제가 된다 ··· 20
4. 올바르지 않은 방법으로 드롭한 볼을 스트로크하면 1벌타 또는 일반 페널티를 받는다 ·· 22
5. '재드롭' 대신 '두 번째 드롭'과 '다시 드롭'이란 말이 쓰인다 ············ 24
6. 두 가지의 코스의 구역이 있는 구제구역에서 드롭할 경우 첫 번째 낙하지점이 기준이 된다 ··· 26
7. 구제구역에 드롭한 볼을 구제구역 밖에서 치는 유일한 경우 ············ 28
8. 후방선 구제는 한 클럽 길이 이내에, 측면 구제는 두 클럽 길이 이내에 드롭해야 한다 ··· 30
9. 드롭 과정에서 볼이 플레이어의 몸이나 장비에 닿으면? ················· 32
10. 드롭한 볼이 벙커로 굴러들어갈 경우 다른 볼로 드롭하라 ·············· 34
11. 잘못된 그린이나 플레이금지구역에 드롭은 할 수 있다 ··················· 36
12. 드롭존은 곧 구제구역이다 ·· 38
13. 드롭한 볼이 경사를 타고 구제구역을 벗어날 경우 누구든지 집을 수 있다 ········· 40
14. 드롭한 볼이 기준점을 표시한 티에 먼저 맞을 경우 다시 드롭해야 한다 ········ 42
15. 드롭한 볼을 고의로 방향을 바꾸거나 멈추게 한 경우 다음 절차와 관계없이 페널티가 부과된다 ·································· 44
16. 포섬·포볼 경기에서 파트너중 누구라도 드롭할 수 있다 ················· 46

[그늘집 1] 좋은 습관이 1~2타를 줄인다 ······································· 48

제2장 - 퍼팅그린

17. 퍼팅그린의 스파이크 자국을 수리할 수 있다 ………………………… 52
18. 깃대를 홀에 꽂은 채 퍼트할 수 있고, 볼이 깃대를 맞아도 페널티가 없다 ………… 54
19. 홀에 꽂혀있는 깃대에 기댄 채 정지한 볼 처리는? …………………… 56
20. 홀에 걸쳐 있는 볼이 플레이어가 깃대를 제거한 후
    움직일 경우 처리방법은 세 가지 ………………………………………… 58
21. 모래와 흩어진 흙은 루스임페디먼트가 아니지만 퍼팅그린에서는 제거할 수 있다 … 60
22. 퍼팅그린에서 자연의 힘에 의해 움직인 볼은
    리플레이스 여부에 따라 플레이 장소가 달라진다 …………………… 62
23. 우박에 의한 퍼팅그린 손상은 수리할 수 있다 ………………………… 64
24. 볼이 퍼팅그린에 있을 때에도 플레이어와 그 캐디는 스트로크하기 전에
    플레이 선을 건드릴 수 있다 ……………………………………………… 66
25. 퍼팅그린에서 수리할 수 없는 네 가지 ………………………………… 68
26. 볼마커를 둔 채 스트로크하면 1벌타가 따른다 ………………………… 70
27. 볼 위치를 마크하는데 나뭇잎은 사용할 수 없다 ……………………… 72
28. 플레이어가 집어든 볼을 캐디가 리플레이스하면 1벌타다 …………… 74
29. 10초가 지나기 전에 홀에 걸쳐있는 볼을 상대방이나 다른 플레이어가
    집어올리거나 움직인 경우 ……………………………………………… 76
> 그늘집 2 볼이 카트도로에 맞고 튀었을 지도 모르는 상황에서는
    원래의 볼이 있을 것으로 추정되는 지점을 멀리 설정한다 ………… 78

제3장 - 볼 찾기·볼 플레이

30. 볼 찾는 시간은 3분이지만, 확인하기까지는 '플러스 알파'가 있다 ………… 82
31. 볼을 확인하기 위해 집어올릴 때 마커나 다른 플레이어에게
    사전통보할 필요가 없어졌다 …………………………………………… 84
32. 한 스트로크에 주어진 시간은 최대 40초 …………………………… 86
33. '투 터치'해도 페널티없이 1타로 계산한다 …………………………… 88
34. 퍼팅그린 이외의 곳에서 집어올린 볼을 닦을 수 없거나 제한이 따르는 네 경우 …… 90
35. 볼을 리플레이스할 때 다른 볼을 사용할 수 있는 경우는 네 가지다 ………… 92

36. 나무 위 볼은 발견·확인 과정에서 우연히 움직여도 페널티가 없다 ······ 94
37. 상태를 개선했더라도 스트로크 전에 복원하면 페널티를 면할 수 있다 ······ 96
38. 원상복구하면 페널티가 면제되는 상황들 ······ 98
39. 볼을 찾다가도 시간이 허용할 경우 되돌아가 프로비저널볼을 칠 수 있다 ······ 100
40. 원래의 볼이 있을 것으로 추정되는 지점에서 프로비저널볼을 플레이했어도
    프로비저널 자격을 잃지 않는다 ······ 102
41. 원래의 볼과 프로비저널볼을 구별할 수 없을 때의 간단한 해결 '공식' ······ 104

[그늘집 3] 어프로치샷한 볼이 홀에서 약 5cm 떨어진 곳에 멈출 경우
    '10초 룰'은 지워버려라 ······ 106

제4장 – 페널티 없는 구제

42. 박힌 볼은 일반구역에서만 구제받는다 ······ 110
43. 박힌 볼 구제를 받는 기준점과 구제구역이 달라졌다 ······ 112
44. 일반구역에 박힌 볼도 구제를 받지 못할 수 있다 ······ 114
45. 규칙에 따라 구제받고 드롭한 볼은 일반구역에 박혀도 구제받지 못한다 ······ 116
46. 잘못된 그린에 스탠스가 걸려도 꼭 구제받아야 한다 ······ 118
47. 구제를 받을 경우에는 언제든지, 매번 볼을 바꿀 수 있다 ······ 120
48. 카트도로 구제시 새 볼로 드롭할 수 있다 ······ 122
49. 후방선 구제시 기준점보다 홀에 가까이 가면 원칙적으로 안된다 ······ 124
50. 볼마커를 옮겨달라는 요구를 거절하면 일반 페널티를 받는다 ······ 126

[그늘집 4] '탭-인' 거리 퍼트시 깃대를 반드시 제거한다 ······ 128

제5장 – 장비

51. '클럽 길이'란? ······ 132
52. 라운드 중 손상된 클럽은 남은 '그 라운드'에서 사용할 수 있다 ······ 134
53. 플레이오프에 앞서 손상된 클럽 유무를 확인해야 한다 ······ 136
54. 라운드 중 손상된 클럽도 교체할 수 있는 길이 열렸다 ······ 138
55. 라운드 중 클럽의 성능을 고의로 변화시켰어도
    스트로크전 원상복구하면 '노 페널티' ······ 140

56. 변형된 볼은 볼 교체 사유가 아니다 ··· 142
57. 겨울철에 핫팩에 데운 볼을 사용하면 곧바로 실격이다 ··············· 144
58. 거리측정기 사용시에도 '요주의' ··· 146
59. '얼라인먼트 스틱'은 라운드 중 스트레칭 용으로만 써야 한다 ······ 148
그늘집 5 퍼팅그린에서 볼마크는 항상 캐디 몫으로 두는게 어떨지··· ············ 150

제6장 – 볼 움직임

60. 볼을 발견하거나 확인하는 과정에서 우연히 볼을 움직여도 페널티가 없다 ········ 154
61. 움직인 볼의 원래 위치를 모를 경우에도 리플레이스해야 한다 ············· 156
62. 볼 움직임은 확실하게 포착됐을 경우에만 움직인 것으로 간주된다 ············· 158
63. 볼이 움직였다면 그 원인은 네 가지 중 하나다 ····························· 160
64. 움직이고 있는 볼이 우연히 플레이어나 캐디·장비를 맞혀도 페널티가 없다 ······ 162
65. 퍼팅그린에서 우연히 볼을 움직인 경우 '노 페널티' ························ 164
66. 다른 볼이 움직이고 있는 도중이라도
    퍼팅그린에 정지한 볼을 집어올릴 수 있다 ································· 166
67. 볼이 움직이고 있을 때 컨시드를 주면? ··· 168
그늘집 6 이왕이면 구제구역 안에 서서 드롭하는 것이 어떨까 ·············· 170

제7장 – 라운드 플레이·홀 플레이

68. '레디 골프'를 허용하고 권장한다 ··· 174
69. '마지막 홀 퍼팅그린을 떠나기 전에'가 '스코어카드를 제출하기 전에'로
    시한이 늦춰진 다섯 가지 경우 ·· 176
70. 여러 번의 규칙 위반에 대한 페널티 적용은? ·································· 178
71. 플레이 중단시 라이가 변경된 경우의 선택 사항들 ·························· 180
72. 스트로크플레이라도 그날 자신의 마지막 라운드를 끝낸 후에는
    그 코스에서 연습할 수 있다 ··· 182
73. 티잉구역에서 헛친 후 볼이 땅에 떨어져도 다시 티업하고 칠 수 있다 ·········· 184
74. 1번홀에서 플레이할 때 2~18번홀 그린은 '일반구역'이다 ··············· 186
75. 퍼팅그린에서는 도움·방해되는 볼 모두, 퍼팅그린 이외의 곳에서는

차 례

　　　　방해되는 볼만 집어올려달라고 요구할 수 있다 ·················· 188
　　그늘집 7 레디 골프'에서 '굿 샷'은 천천히 그리고 작은 소리로
　　　　외쳐도 충분히 그 뜻이 전달된다 ······························ 190

제8장 – 도움·어드바이스·캐디

　　76. 어드바이스가 될만한 정보를 얻기 위해
　　　　다른 플레이어의 클럽이나 골프백을 만지면 안된다 ·············· 194
　　77. 플레이어가 스탠스를 취한 후에는 원칙적으로 캐디의 '뒤봐주기'를 받을 수 없다 ······ 196
　　78. 플레이어의 위임을 받은 경우에만 할 수 있는 캐디의 행동 ·········· 200
　　79. 캐디에게 허용되지 않는 행동은 크게 다섯 가지다 ················ 202
　　80. 스탠스를 취하는데 도움이 되는 물체를 놓아둬서는 안된다 ·········· 204
　　그늘집 8 페널티구역과 일반구역의 경계로 볼이 날아갈 경우
　　　　프로비저널볼을 치고나가는 것이 현명하다 ···················· 206

제9장 – 페널티구역

　　81. 페널티구역에서도 플레이하기 전에 클럽을 지면이나 수면에 대고,
　　　　연습스윙하면서 잔디를 파내도 된다 ·························· 210
　　82. 페널티구역의 한계가 넓어졌다 ······························ 212
　　83. 페널티구역 구제를 받기 위해서는 95%의 확률을 확보해야 한다 ········ 214
　　84. 페널티구역내 플레이금지구역에 볼이 있을 경우
　　　　반드시 페널티 구제를 받아야 한다 ··························· 216
　　85. 빨간 페널티구역의 맞은편 측면 구제는 원칙적으로 없어졌다 ·········· 218
　　그늘집 9 언플레이어블볼 구제시 한 번 더 생각을… ················ 220

제10장 – 벙커

　　86. 흙으로 된 벙커 측벽과 턱은 벙커가 아니라 일반구역이다 ·········· 224
　　87. 벙커에서 루스임페디먼트를 제거할 수 있다 ····················· 226
　　88. 벙커에서도 볼 주변의 모래 아래 상태를 알아보기 위해

　　　찔러보는 행동이 허용된다 ·· 228
89. 벙커에서 해서는 안되는 일 네 가지는? ······························ 230
90. 턱 높은 벙커에서 나올 수 있는 길이 열렸다 ···················· 232
[그늘집 10]　고양이든 맥주든 외워두면 쓸모 있다 ················ 234

제11장 – 매치플레이·스트로크플레이·로컬룰

91. 매치플레이와 스트로크플레이를 결합한 경기도 가능해졌다 ······ 238
92. 매치플레이에서 컨시드를 오해하고 볼 집어올릴 경우 무벌타 ···· 240
93. 아마추어 골퍼들을 위해 홀아웃 안해도 되는 '맥시멈스코어' 방식을 도입했다 ··· 242
94. OB나 분실시 로컬룰로 허용하면 2벌타를 받고
　　 앞으로 나가 페어웨이에 드롭하고 칠 수 있다 ·················· 244
95. 임시 움직일 수 없는 장해물로부터 구제시 플레이어의 선택폭이 넓어졌다 ······· 246
96. '프리퍼드 라이' 적용시 볼 집어올리기 전에 마크 필요없고
　　 놓을 땐 새 볼을 쓸 수 있다 ·· 248
[그늘집 11]　OB 경계는 정확히 어디인가? ······························ 250

제12장 – 플레이어의 행동기준 및 합리적 행동

97. 행동거지 잘 못하면 페널티 받는다 ···································· 254
98. 화가 나서 한 행동이 모두 용서받는 것은 아니다 ············ 256
99. 플레이어의 '합리적 판단'이 존중된다 ································ 258
100. 비디오 증거가 있을 때에도 '육안' 기준을 우선한다 ········ 260
[그늘집 12]　- 부상당하거나 몸이 아플 경우 회복에 허용되는 시간은 최대 15분 ······ 262
　　　　　　- 퍼팅그린 이외 지역에서도 플레이 선을 가로지르거나 밟고 선 채
　　　　　　　스트로크를 할 수 없다 ·· 263

제13장 – 용어의 정의 ·· 265

■ [부록] 규칙 찾아보기 ·· 291

13

골프는 불가사의다.

Golf is the great mystery.

- P G 워드하우스(영국 유머 작가)

제 1 장

드롭·구제구역

1 드롭을 올바르게 하는 세 가지 원칙

새 규칙에서는 드롭에 관한 규정이 획기적으로 바뀌었다. 플레이어는 세 가지 조건을 충족시키는 방법으로 드롭해야 한다.

첫째 반드시 플레이어가 볼을 드롭해야 한다. 플레이어의 캐디가 드롭할 수 없다는 얘기다. 단, 포섬·포볼 등 편 경기에서는 예외가 있다. 편 경기에서는 파트너도 드롭할 수 있다.

둘째 반드시 무릎 높이에서 볼을 드롭하여야 한다. '무릎 높이'란 플레이어가 똑바로 선 자세에서 지면으로부터 플레이어의 무릎까지의 높이를 말한다. 다만 드롭할 때 플레이어가 꼭 똑바로 선 자세를 취해야 하는 것은 아니다. 이때 볼을 던지거나 굴리거나 볼에 스핀을 주거나 볼이 정지할 곳에 영향을 미칠 수도 있는 동작을 하지 않음으로써 그 볼이 똑바로 떨어지도록 해야 한다. 또 그 볼이 지면에 닿기 전에 플레이어의 몸이나 장비를 맞혀서는 안된다.

셋째 반드시 구제구역에 볼을 드롭해야 한다. 다만 플레이어는 구제구역 안에 서서 그 구제구역에 볼을 드롭할 수도 있고, 구제구역 밖에 서서 그 구제구역에 볼을 드롭할 수도 있다.

세 가지 요건 중 하나라도 위반해 잘못된 방법으로 드롭한 경우, 플레이어는 반드시 올바른 방법으로 볼을 다시 드롭(횟수 제한 없음)해야 한다.

드롭·구제구역

플레이어 자신이 무릎 높이에서 볼을 구제구역안에 떨어뜨려야 올바른 드롭이다. 무릎 높이는 똑바로 섰을 때 지면에서 무릎까지의 높이를 말한다. 다만 드롭할 때 플레이어가 꼭 똑바로 설 필요는 없다.

2 구제구역이란?

규칙에 따라 구제를 받는 경우 플레이어가 반드시 볼을 드롭해야 하는 구역을 구제구역이라고 한다. 종전에는 볼이 놓여있던 곳이나 원구를 최후로 플레이한 곳에서 되도록 가까운 지점 또는 일정한 선이나 지역 등으로 드롭해야 하는 장소의 기준이 들쭉날쭉했으나 새 규칙에서는 '정해진 구제구역에 드롭'하는 것으로 일원화됐다. 요컨대 구제구역은 기준점으로부터 한 클럽 길이 이내 또는 두 클럽 길이 이내 구역으로 그 크기가 제한됐다.

플레이어는 세 가지 요건에 따라 정해지는 크기와 위치를 가진 특정한 구제구역을 사용해야 한다.

첫째 구제구역의 크기를 측정하는 기준이 되는 기준점을 정해야 한다.

둘째 구제구역은 기준점으로부터 한 클럽 길이 또는 두 클럽 길이 이내의 구역으로 제한되는 자체의 크기를 갖고 있다.

셋째 구제구역은 위치 제한이 있다. 특정한 코스의 구역에 있어야 하고, 기준점보다 홀에 가깝지 않아야 하며, 구제를 받으려고 하는 상태로부터 더 이상 방해를 받지 않는 곳이어야 한다.

드롭·구제구역

한편 위원회는 플레이어가 특정한 구제를 받는 경우에 드롭존을 구제구역으로 사용할 것을 허용하거나 요구할 수 있다.

구제구역은 기준점으로부터 한 클럽 길이나 두 클럽 길이 이내의 구역이다. 특정한 코스의 구역에 있어야 하며, 기준점보다 홀에 더 가깝지 않아야 한다. 물론 구제를 받으려고 하는 상태로부터 더 이상 방해를 받지 않는 곳이어야 한다.

구제 구역 설정 실례

3 올바른 방법으로 드롭한 볼은 반드시 구제구역에 정지해야 완전한 구제가 된다.

올바른 방법으로 드롭한 볼이 구제구역에 정지한 경우 플레이어는 완전한 구제를 받은 것이다. 따라서 플레이어는 그 볼을 놓인 그대로 플레이해야 한다.

올바른 방법으로 드롭한 볼이 구제구역 밖에 정지한 경우 플레이어는 반드시 올바른 방법으로 그 볼을 두 번째로 드롭해야 한다. 두 번째 드롭한 볼도 구제구역 밖에 정지하면 플레이어는 볼을 플레이스함으로써 완전한 구제를 받아야 한다.

그 순서는 먼저 두 번째 드롭한 볼이 처음 지면에 닿은 지점에 그 볼을 플레이스해야 한다. 이처럼 플레이스한 볼이 그 지점에 멈추지 않는 경우, 플레이어는 반드시 그 지점에 두 번째로 볼을 플레이스해야 한다. 두 번째 플레이스한 볼도 그 지점에 멈추지 않는 경우 플레이어는 볼이 멈출 수 있는 가장 가까운 지점(홀에 가깝지 않아야 함)에 그 볼을 플레이스해야 한다.

구제구역 안에 볼이 멈출만한 지점이 없을 경우 구제구역 밖에 볼을 플레이스할 수도 있다. 이는 구제를 받고 구제구역에 드롭한 볼을 구제구역 밖에서 플레이하는 유일한 경우다.

드롭·구제구역

올바른 드롭은?

그림 중 왼쪽만 올바른 드롭 절차다.
가운데는 구제구역에 드롭했으나 볼이 구제구역을 벗어났기 때문에 반드시 올바른 방법으로 두번째로 드롭해야 하며,
오른쪽은 구제구역 밖에 드롭했기 때문에(잘못된 방법으로 드롭했기 때문에) 볼이 굴러 구제구역에 들어왔어도 다시 드롭해야 한다.

4 올바르지 않은 방법으로 드롭한 볼을 스트로크하면 1벌타 또는 일반 페널티를 받는다.

드롭이 올바르지 않았는데도 다시 드롭(이때 드롭 횟수 제한은 없음)하지 않고 잘못된 방법으로 드롭한 볼이 정지한 곳에서 스트로크를 하면 1벌타나 일반 페널티가 주어진다.

그곳이 구제구역이었다면, 플레이어는 1벌타를 받는다. 그러나 이는 잘못된 장소에서 플레이를 한 것은 아니다.

그곳이 구제구역 밖이었다면, 플레이어는 일반 페널티를 받는다.

또 반드시 드롭해야 하는데 플레이스한 경우(구제구역 안이든 밖이든 상관없이)에는 일반 페널티를 받는다. 드롭을 잘못했기 때문에 횟수 제한없이 다시 드롭해야 하는데, 두 번만 드롭하고 '대충' 플레이스한 후 스트로크한 경우가 이에 해당한다.

예컨대 플레이어가 규칙이 바뀐 사실을 잊고 어깨 높이에서 드롭했다. 그 직후 잘못을 깨닫고 볼을 집어들어 무릎 높이에서 드롭하면 페널티가 없다. 그 반면 어깨 높이에서 드롭한 볼을 그대로 스트로크할 경우 페널티가 따른다. 구제구역에서 스트로크했다면 1벌타, 구제구역 밖에서 스트로크했다면 일반 페널티다.

드롭·구제구역

올바르게 드롭하는 세 가지 요건 중 하나라도 잘못된 방법으로 드롭할 경우 플레이어는 반드시 올바른 방법으로 볼을 다시 드롭해야 한다. 플레이어가 반드시 그렇게 드롭해야 하는 횟수에는 제한이 없다.

규칙이 바뀐 사실을 깜빡 잊고 사진처럼 어깨 높이에서 드롭하면 어떻게 될까. 스트로크를 하기 전에 무릎 높이에서 다시 드롭하면 벌타가 없다. 그러나 올바른 방법으로 드롭하지 않고 그대로 플레이할 경우 그곳이 구제구역이었다면 1벌타가, 구제구역 밖이었다면 일반 페널티가 따른다.

세계 정상급 프로골퍼 리키 파울러는 2019년 2월22일 WGC 멕시코챔피언십 2라운드 10번홀(파4)에서 세컨드 샷이 OB난 후 드롭할 때 무심결에 어깨 높이에서 드롭한 바람에 1벌타를 받고 그 홀에서 트리플 보기를 기록했다.

5 '재드롭' 대신 '두 번째 드롭'과 '다시 드롭'이란 말이 쓰인다.

새 골프 규칙 책에는 '재드롭'(re-drop)이라는 말이 없다. 그 대신 '두 번째 드롭'(second drop)과 '다시 드롭'(drop again)이란 말이 쓰인다.

올바른 방법으로 드롭한 볼이 구제구역 밖에 정지할 경우 플레이어는 그 볼을 올바른 방법으로 두 번째로 드롭해야 한다. 두 번째 드롭한 볼도 구제구역 밖에 정지한 경우 플레이어는 볼을 플레이스하고 스트로크하면 된다. 드롭 횟수가 두 번으로 제한되는 이 경우에는 두 번째 드롭이라는 말과 함께 재드롭이라는 용어를 쓸 수는 있겠다(다시 드롭이라는 말을 써도 상관은 없다). 그러나 규칙 용어에서는 재드롭이라는 말이 사라지고, 실제 용례에서도 거의 등장하지 않는다는 점이 달라졌다.

그런가 하면 드롭 방법이 원천적으로 잘못됐을 경우엔 올바르게 드롭이 될 때까지 드롭해야 한다. 두 번이 아니라 세 번, 네 번, 그 이상까지도 해야 한다. 이처럼 횟수 제한이 없을 때엔 '다시 드롭'이라는 말이 쓰인다.

드롭·구제구역

예컨대 처음부터 구제구역 밖에 볼을 떨궜거나, 드롭한 볼이 지면에 닿기 전에 플레이어의 몸에 닿았거나, 무릎 높이 대신 어깨 높이에서 드롭한 경우에는 그 잘못을 시정할 때까지 횟수 제한없이 다시 드롭해야 하는 것이다.

드롭이 올바르지 않을 경우 두 번째 드롭 또는 다시 드롭해야 한다.
새 규칙에서는 '재드롭'이라는 말을 쓰지 않는다.

6 두 가지의 코스의 구역이 있는 구제구역에서 드롭할 경우 첫 번째 낙하지점이 기준이 된다.

구제 방법 가운데 후방선 구제나 측면 구제가 있다. 후방선 구제는 볼이 페널티구역에 빠졌을 때, 벙커내 비정상적인 코스상태에서 벙커 밖 구제를 택할 때, 언플레이어블볼 구제 때 등에 적용된다. 측면 구제는 볼이 빨간 페널티구역에 빠졌을 때, 언플레이어블볼 처리 때 하나의 구제 방법이다.

후방선 구제나 측면 구제 때 구제 구역을 설정하다 보면 그 안에 두 가지 이상의 코스의 구역이 포함될 수 있다. 예를 들면 일반구역과 벙커, 일반구역과 페널티구역, 벙커와 페널티구역 등이 함께 있을 수 있는 것이다. 이런 곳에서 드롭할 경우 볼이 처음 지면에 닿은 지점과 최종 멈춘 지점이 다를 수 있다. 이때 그 볼은 반드시 볼이 드롭될 때 처음 지면에 닿은 구역과 동일한 코스의 구역에 있는 구제구역에 정지해야 한다.

일반구역과 벙커가 포함된 구제구역에 드롭한다고 하자. 드롭한 볼이 일반구역에 떨어졌는데 굴러서 벙커에 멈췄다. 이 경우 볼이 구제구역을 벗어나지 않았어도 두 번째 드롭을 해야 한다. 왜냐하면 두 가지의 코스의 구역이 포함된 구제구역에서 드롭할 경우 볼은 처음 지면에 닿은 구역에 멈춰야 하기 때문이다.

드롭·구제구역

물론 두 번째 드롭을 했는데도 똑같은 상황이 되면, 그때는 두 번째 드롭할 때 볼이 처음 지면에 닿은 지점(일반구역)에 그 볼을 플레이스 해야 한다.

구제구역에 서로다른 코스의 구역이 함께 있을 수 있다.
이 경우 드롭한 볼이 처음 지면에 닿은 코스의 구역에 볼이 멈추면 곧 인플레이볼이 되며, 굴러서 구제구역내 다른 코스의 구역에 멈추면 두 번째 드롭을 해야 한다.

7 구제구역에 드롭한 볼을 구제구역 밖에서 치는 유일한 경우

규칙에 따라 볼을 드롭할 때에는 반드시 구제구역에 드롭하고, 드롭 후에는 구제구역에 멈춰야 비로소 인플레이볼이 된다.

그런데 드롭한 볼이 구제구역에 있지 않아도, 인플레이볼이 되는 한 가지 상황이 있다.

올바른 방법으로 드롭한 볼이 구제구역 밖에 정지한 경우 플레이어는 두 번째로 드롭해야 하고, 두 번째 드롭한 볼도 구제구역 밖에 정지하면 볼을 플레이스함으로써 완전한 구제를 받아야 한다. 이처럼 플레이스한 볼이 그 지점에 멈추지 않을 경우, 플레이어는 반드시 그 지점에 두 번째로 볼을 플레이스해야 한다. 두 번째 플레이스한 볼도 그 지점에 멈추지 않을 경우 플레이어는 볼이 멈출 수 있는 가장 가까운 지점(홀에 가깝지 않아야 함)에 그 볼을 플레이스해야 한다. 구제구역 안에 볼이 멈출만한 지점이 없을 경우 구제구역 밖에 볼을 플레이스하는 상황이 올 수도 있다.

바로 이 상황이 구제구역에 드롭한 볼을 구제구역 밖에서 플레이하는 유일한 경우다.

드롭·구제구역

두 번째 드롭한 볼이 구제구역에 멈추지 않아 플레이스를 역시 두 번 했는데도 볼이 멈추지 않을 경우 그곳에 가장 가까운 곳에 플레이스해야 한다. 이때 그 지점이 구제구역 밖이 될 수 있다.

8. 후방선 구제는 한 클럽 길이 이내에, 측면 구제는 두 클럽 길이 이내에 드롭해야 한다

규칙에 따라 구제를 받을 때에는 기준점으로부터 한 클럽 길이 이내나 두 클럽 길이 이내로 정해진 구제구역에 볼을 드롭해야 하고, 볼은 반드시 그 구제구역안에 멈춰야 인플레이가 된다.

예컨대 비정상적인 코스 상태(네 가지), 위험한 동물이 있는 상태, 잘못된 그린, 플레이금지구역으로부터 페널티없는 구제를 받거나, 특정한 로컬룰에 따라 구제를 받는 경우 기준점(가장 가까운 완전한 구제지점)으로부터 한 클럽 길이내에 볼을 드롭해야 한다. 또 박힌 볼은 볼이 박힌 지점 바로 뒤의 지점을 기준으로 한 클럽 길이내에, 스트로크와 거리 구제(일반구역·페널티구역·벙커의 경우)는 직전 스트로크를 한 곳에서 한 클럽 길이내에 드롭해야 한다.

종전 규칙에서는 한 클럽 길이 이내에 드롭하더라도 볼이 지면에 처음 닿은 지점으로부터 두 클럽 길이내에만 멈추면(대부분 홀에 가깝지 않은 지점이어야 함) 인플레이볼이 됐다. 구제구역이 생각보다 넓었었다.

그러나 2019년부터 구제구역은 기준점에서 한 클럽 길이나 두 클럽 길이내로 한정됐다.

플레이어들이 헛갈릴 수 있는 것은 페널티구역이나 언플레이어블볼 구제를 받고 드롭하는 후방선 구제와 측면 구제의 구별이다. 후방선

드롭·구제구역

구제(벙커에서 비정상적인 코스상태로부터의 구제 방법 중 벙커 밖에서 페널티구제를 받는 경우도 해당) 때에는 기준점에서 한 클럽 길이 이내, 측면 구제를 받을 때에는 기준점에서 두 클럽 길이 이내의 구제구역에 볼을 드롭해야 한다. 물론 후방선 구제와 측면 구제 모두 구제구역은 기준점보다 홀에 가깝지 않아야 한다.

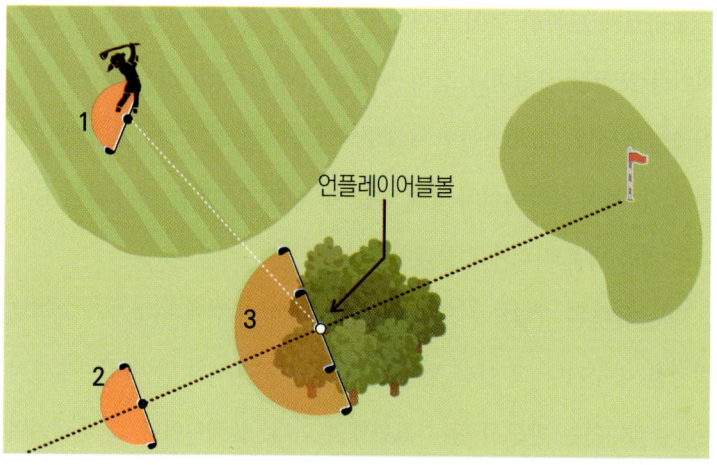

볼이 나무 아래에 멈춰 언플레이어블볼 구제를 택했을 때의 그림이다.
2가 후방선 구제로 한 클럽 길이, 3은 측면 구제로 두 클럽 길이의 구제구역에 드롭하면 된다.

9. 드롭 과정에서 볼이 플레이어의 몸이나 장비에 닿으면?

규칙에 따라 올바르게 드롭한 볼이 플레이어의 몸이나 장비에 맞으면 어떻게 될까? 볼이 지면에 닿기 전이냐, 닿은 후냐에 따라 달라진다.

드롭한 볼이 지면에 닿기 전에(공중에 있을 때) 플레이어의 몸이나 장비를 맞히면 안된다. 다시 드롭해야 한다. 이때 드롭 횟수 제한은 없다.

올바르게 드롭한 볼이 지면에 닿은 후 정지하기 전에 우연히 플레이어를 포함한 사람이나 장비, 외부의 영향을 맞힌 경우 누구에게도 페널티가 없다. 그리고 볼이 구제구역에 정지한 경우 그대로 플레이하면 된다. 볼이 플레이어의 발에 닿은 채 멈췄는데 발을 떼니 볼이 움직이면 처음 멈춘 자리에 리플레이스하면 된다.

다만 올바른 방법으로 드롭한 볼이 정지하기 전에 누군가가 고의로 방향을 바꾸거나 그 볼을 멈추게 한 경우(구제구역 안에서든 밖에서든) 플레이어는 반드시 다시 드롭해야 한다. 플레이어나 그 플레이어의 캐디가 고의로 방향을 바꾸거나 멈추게 한 경우 그 플레이어에게는 일반 페널티가 부과된다.

드롭·구제구역

올바르게 드롭한 볼이 지면에 닿기 전에 플레이어의 몸이나 장비에 맞으면 다시 드롭을, 지면에 닿은 후 정지하기 전에 우연히 몸이나 장비를 맞으면 벌이 없으며 구제구역에 정지한 경우 그대로 플레이하면 된다.

10 드롭한 볼이 벙커로 굴러들어갈 경우 다른 볼로 드롭하라

새 규칙에서는 구제 상황에서 다른 볼을 쓸 수 있도록 했다. 벙커 주변의 러프에서 구제를 받고 드롭한 볼이 경사를 타고 벙커로 들어갔다. 종전엔 이 경우에 그 볼을 집어들어 다시 드롭해야 했다.

새 규칙에서는 구제받고 드롭한 볼이 벙커에 빠질 경우 다른 볼로 드롭할 수 있도록 했다. '규칙에 따라 구제받고 드롭하거나 플레이스할 때마다 어떤 볼을 사용해도 좋다'는 것이 새 규칙의 취지다.

따라서 드롭한 볼이 벙커로 굴러들어갈 경우 꼭 그 볼을 회수해 다시 드롭하지 않아도 된다. 다른 볼로 드롭하면 그 볼이 인플레이볼이 되고, 처음 드롭한 볼은 나중에 집어들면 된다.

특히 종전(규칙재정)에는 벙커 뒤에서 드롭한 후 벙커로 굴러들어간 볼을 회수하기 위해 벙커로 들어갈 경우 플레이어가 낸 발자국을 고르는 것이 허용됐었다. 그러나 새 규칙에서는 플레이어 자신이 스트로크에 영향을 미치는 상태를 악화한 경우 개선이 허용되지 않는다. 이 경우 플레이어가 자신이 만든 발자국(특히 플레이 선상)을 고르면 일반 페널티를 받게 된다. 그런만큼 이젠 처음 드롭한 볼을 주우러 벙커로 들어갈 필요가 없어졌다.

드롭·구제구역

볼이 하나밖에 없어서 굳이 벙커로 들어가야 한다면, 발자국을 최소화하도록 각별히 조심해야 하겠다.

볼이 카트도로를 맞고 카트도로 위나 그 근처에 멈춰 구제받는 상황에서도 다른 볼로 드롭할 수 있다. 도로에 맞고 흠이 난 볼을 꺼림칙한 마음으로 계속 사용하지 않아도 된다.

구제받고 드롭할 때에는 다른 볼로 바꿀 수 있다. 특히 벙커밖에서 드롭한 볼이 벙커로 굴러들어간 후 다시 드롭할 때에는 다른 볼로 드롭하는 것이 현명하다.

제1장 드롭·구제구역 35

11 잘못된 그린이나 플레이금지구역에 드롭은 할 수 있다

잘못된 그린이나 플레이금지구역에 볼이 들어가면 반드시 구제받아야 한다. 스탠스나 스윙구역에 방해가 될 경우에도 구제를 받아야 한다. 두 지역에서 방해를 받은 채 그냥 스트로크하면 일반 페널티가 부과된다. 이를테면 플레이금지구역에서 두 번 스트로크했다면 스트로크플레이에서는 4벌타를 받고, 매치플레이라면 처음 스트로크하는 순간 그 홀에서 진다.

두 지역에서는 스트로크를 할 수 없고, 스탠스나 스윙구역의 방해가 없어야 하지만 그곳에 드롭은 할 수 있다. 규칙에 따라 구제받는 상황이 발생하면 잘못된 그린이나 플레이금지구역에 볼을 드롭할 수 있는 것이다. 페널티구역 구제, 언플레이어블볼 구제 등을 받다 보면 두 지역이 구제구역에 포함될 수 있다.

다만 드롭은 그곳에 할 수 있으나, 드롭한 볼이 그 안에 정지하거나 드롭 후 두 지역이 스탠스나 스윙구역에 방해가 될 경우에는 반드시 그에 따른 후속 구제 절차를 따라야 한다.

드롭·구제구역

이포CC에서 겨울철에 원래그린을 수리하는 도중 임시그린을 사용하고 있다. 이 경우 원래그린은 잘못된 그린이다. 이곳에 볼이 멈추면 꼭 구제를 받아야 하지만, 다른 상황에 의해 구제를 받을 경우 이곳에 드롭은 할 수 있다.

잘못된 그린이나 플레이금지구역에서는 반드시 구제를 받아야 한다. 노승열이 미국PGA투어 대회에 출전해 잘못된 그린에 올라간 볼을 플레이한 후 그 파인 자국을 손으로 수리하고 있다. 그는 물론 페널티를 받았다.

12 드롭존은 곧 구제구역이다

　위원회는 플레이어가 특정한 구제를 받는 경우에 드롭존(드롭구역)을 구제구역으로 사용할 것을 허용하거나 요구할 수 있다.

　드롭존은 곧 구제구역과 같은 뜻이다. 드롭존은 비록 그 모양이나 크기가 제각각일 수 있으나, 볼을 그 안에 드롭해야 하고, 드롭한 볼은 반드시 그 안에 멈춰야 한다는 점에서 구제구역과 똑같은 기능을 지닌다.

　드롭한 볼이 드롭존 밖으로 굴러나가면 다시 드롭해야 하고, 또다시 밖으로 나가면 그 때에는 볼을 두 번째로 드롭할 때 처음 지면에 닿은 지점(드롭존 안)에 플레이스하면 된다.

　드롭존 밖에 멈춘 볼을 스트로크하면 잘못된 장소에서 플레이한 것이 돼 일반 페널티를 받는다. 이는 드롭존에서 종전 규칙과 달라진 부분이다. 종전에는 드롭존에 드롭한 볼이 처음 지면에 닿은 지점으로부터 두 클럽 길이내에 멈추기만 하면 그곳이 드롭존 밖이라도 인플레이볼이 됐다. 심지어 드롭한 볼이 홀에 가까운 쪽으로 굴러가도 인플레이볼이 되는 경우도 많았다.

드롭·구제구역

드롭존에서도 올바르게 드롭해야 하는 것은 두 말할 나위가 없다. 무릎 높이에서 정확히 떨어뜨려야 하고, 볼이 드롭존 안에만 멈추면 곧바로 인플레이볼이 된다.

경기위원회에서 설정한 드롭존은 구제구역의 한 형태라고 보면 된다. 대개 드롭존은 본 규칙에 따른 처리 방법 외에 플레이어가 추가로 선택할 수 있는 옵션으로 마련된다.

13 드롭한 볼이 경사를 타고 구제구역을 벗어날 경우 누구든지 집을 수 있다

종전엔 플레이어가 드롭한 볼이 지면에 떨어지고 구르고 있을 때 그 캐디가 그 볼을 집어올리면 경우에 따라 벌타가 부과됐다. 볼 움직임에 영향을 미쳤다는 이유에서 그런 것이다. 이는 캐디 외에 플레이어, 그의 파트너, 파트너의 캐디 또는 플레이어가 승인한 상대방이나 다른 플레이어가 고의로 볼을 정지시킨 경우에도 똑같이 적용됐다.

새 규칙에서는 이를 현실적으로 완화했다.

올바른 방법으로 드롭한 볼이 구제구역에 정지할 합리적인 기회가 없을 때 고의로 그 볼의 방향을 바꾸거나 그 볼을 멈추게 한 경우(구제구역 안에서든 밖에서든) 누구에게도 페널티는 없다. 그 볼은 구제구역 밖에 정지한 것으로 간주되며 그 볼을 드롭한 것은 플레이스 절차를 따르기 전에 요구되는 두 번의 드롭 횟수에 포함된다.

요컨대 급경사지에서 드롭한 볼이 굴러 페널티구역으로 들어갈 것이 뻔한 상황이라면 플레이어와 캐디 뿐 아니라 누구든지 그 볼을 멈추게 할 수 있다는 얘기다. 설령 볼을 멈추게 한 곳이 구제구역 안이라도 상관없다. 다시 드롭했는데도 그러면 그때는 플레이스하면 된다.

드롭·구제구역

경사지 등지에서 드롭한 볼이 구제구역에 정지할 합리적인 기회가 없을 때 고의로 볼을 멈추게 해도 이제 페널티가 부과되지 않는다.

14 드롭한 볼이 기준점을 표시한 티에 먼저 맞을 경우 다시 드롭해야 한다

볼을 올바르게 드롭하는 원칙 가운데 '드롭한 볼이 지면에 닿기 전에 플레이어의 몸이나 장비를 맞혀서는 안된다'가 있다.

규칙에 따라 구제받을 때 보통 기준점에 티(tee)를 꽂아 표시한다. 그런데 드롭한 볼이 지면에 닿기 전에 티를 먼저 맞히면 어떻게 될까.

새 규칙에서는 티를 플레이어의 장비(플레이어나 그 캐디가 사용하거나 착용하거나 들고있거나 운반하는 모든 것)로 규정한다. 따라서 이 경우 자신의 캐디한테서 받은 티라도 플레이어의 장비가 된다. 볼이 지면에 닿기 전에 플레이어의 장비를 먼저 맞혔으므로 다시 드롭해야 한다. 이 상황에서는 드롭 횟수 제한이 없다. 볼이 티부터 먼저 맞히지 않을 때까지 계속 드롭해야 한다. 종전엔 지시 마크로 사용한 티는 휴대품으로 보지 않았기 때문에 다시 드롭하지 않았다.

만약 볼이 지면에 닿기 전에 티부터 맞혔는데도 다시 드롭하지 않고 그 볼을 스트로크하면 페널티는 두 갈래로 나뉘어 적용된다. 그 볼이 구제구역 안에 있었을 경우엔 1벌타, 구제구역 밖에 있었을 경우엔 일반 페널티를 각각 받는다.

드롭·구제구역

드롭한 볼이 지면에 닿기 전에 티에 먼저 맞을 경우 다시 드롭해야 한다. 종전과 달리 티는 플레이어의 장비로 보기 때문이다.

15 드롭한 볼을 고의로 방향을 바꾸거나 멈추게 한 경우 다음 절차와 관계없이 페널티가 부과된다

올바른 방법으로 드롭한 볼을 누군가가 고의로 방향을 바꾸거나 멈추게 할 경우가 있다. 예를 들면 드롭한 볼이 지면에 닿은 후 움직이고 있을 때 누군가가 고의로 그 볼을 건드린 경우, 또 그 움직이고 있는 볼이 그 볼의 방향을 바꾸거나 그 볼을 멈추게 할 수도 있는 위치에 플레이어가 고의로 놓아둔 장비나 물체 또는 고의로 세워둔 누군가(예, 플레이어의 캐디)를 맞힌 경우다.

이때 볼을 멈추게 한 지역이 구제구역 안이든 밖이든, 플레이어는 그 볼을 다시 드롭(플레이스 절차를 따르기 전에 요구되는 두 번의 드롭 횟수에 불포함)해야 한다. 그리고 플레이어나 그 캐디가 그렇게 한 경우 플레이어는 일반 페널티를 받는다. 종전 규칙에서는 재드롭을 해야 하는 위치에 도달하기 전에 플레이어의 캐디가 그 볼을 정지시킨 경우엔 플레이어는 페널티를 받고 스트로크플레이의 경우 볼이 정지한 곳에서 플레이를 해야 했다.

예나 지금이나 고의성이 있으면 페널티가 따르지만, 새 규칙에선 다시 드롭을 해야한다고 하여 그 전에 한 행동에 면책을 주지 않는다는 점이 종전 규칙과 다른 부분이다.

드롭·구제구역

 요컨대 페널티를 받고 다시 드롭하라는 것이다. 따라서 평지에서 드롭할 때에는 드롭 후 굴러가는 볼을 조급하게 건드리지 않는 것이 중요하다.

 다만 올바른 방법으로 드롭한 볼이 구제구역에 정지할 합리적인 기회가 없을 때 고의로 그 볼의 방향을 바꾸거나 그 볼을 멈추게 한 경우(구제구역 안이든 밖이든)에는 누구에게도 페널티가 없다.

드롭한 볼을 플레이어나 그 캐디가 고의로 건드릴 경우 일반 페널티가 부과되며 다시 드롭해야 한다. 평지에서 드롭할 때에는 볼을 조급하게 건드리지 않아야 한다.

16 포섬·포볼 경기에서 파트너 중 누구라도 드롭할 수 있다

포섬(번갈아 치는 샷)은 두 명의 파트너가 한 편을 이뤄 하나의 볼을 번갈아 스트로크하며 다른 한 편과 경쟁하는 경기 방식이다.

포섬에서 두 파트너는 홀을 시작할 때 반드시 번갈아 티오프해야 하고, 그 이후에도 번갈아 치는 샷으로 각 홀을 끝내야 한다. 특히 종전 규칙에서는 드롭에 대해 '다음 플레이할 순서인 사람이 볼을 드롭하지 않으면 안된다'고 규정했다.

새 규칙에서는 이 부분이 바뀌었다. '편의 다음 플레이 순서가 어떻게 되든, 파트너는 누구나 드롭할 수 있다'고 규정했다. 파트너끼리는 플레이 순서에 상관없이 누구라도 드롭할 수 있게 된 것이다. 파트너들은 드롭 뿐 아니라 볼을 마크하기, 집어올리기, 리플레이스하기, 플레이스하기 등 스트로크를 하기 전에 그 편에 허용되는 행동이라면 어떤 행동이든 할 수 있다.

두 명의 파트너가 한 편을 이뤄 각자 자신의 볼을 플레이하며 다른 한 편과 경쟁하는 포볼에서도 플레이어는 볼을 마크하기, 집어올리기, 리플레이스하기, 드롭하기, 플레이스하기 등 스트로크를 하기 전에 파트너에게 허용되는 행동이라면 어떤 행동이든 그 파트너의 볼과 관련하여 할 수 있다.

드롭·구제구역

포볼에서도 파트너가 자신의 볼과 관련해 할 수 있는 행동은 플레이어도 할 수 있다.

편을 짜 플레이하는 포섬·포볼 경기에서 파트너끼리는 드롭, 마크, 집어올리기, 리플레이스하기, 플레이스하기 등을 누구나 할 수 있다. 아들과 함께 파더선챌린지에 출전한 비제이 싱.

그늘집 1

좋은 습관이 1~2타를 줄인다

새 규칙에서 클럽 길이는 플레이어가 라운드 동안 가지고 있는 14개 이하의 클럽 중 퍼터를 제외하고 가장 긴 클럽의 길이를 말한다.

클럽 길이는 그 플레이어의 각 홀의 티잉구역을 규정하거나 규칙에 따른 구제를 받을 때 그 플레이어의 구제구역의 크기를 결정하는데 사용된다.

대개는 드라이버가 플레이어의 클럽 길이가 된다. 예컨대 드라이버를 가지고 있는 플레이어가 한 클럽 길이내의 구제구역에 드롭하는 상황이라면 한 클럽 길이는 곧 드라이버 길이가 된다. 이는 규칙에서 정해진 것이어서, 한 클럽 길이를 다른 클럽 길이로 대치할 수 없다.

구제 상황에서 구제구역을 정해야 하는데 드라이버가 들어있는 골프백이 멀리 있다고 하여, 손에 있는 웨지(길이 약 90cm)로 한 클럽 길이를 재고 그에 따른 구제구역을 잡았다고 하자(물론 드라이버로 재든, 다른 클럽으로 재든, 빌린 클럽으로 재든 클럽 길이는 자신의 드라이버 길이다).

드롭한 볼이 기준점보다 홀에 가까운 곳으로 가지는 않았으나, 웨지로 잰 구제구역을 갓 벗어났다. 이때 플레이어는 볼이 구제구역을 벗어난 것으로 알고 다시 드롭할 수 있다. 실은 드라이버로는 한 클럽 길이내의 구제구역에 멈췄는데도 말이다. 만약 이 볼을 집어들어 다시 드롭하고 플레이하면 일반 페널티가 부과된다. 정지한 인플레이볼을 집어올려 잘못된 장소에서 플레이했기 때문이다.

　새 규칙이 플레이 속도 향상에도 초점을 맞췄다고는 하나, 드롭구역을 확정하기 위해 드라이버를 가져오는 시간까지 제한하는 것은 아니다. 구제 상황에서는 처음부터 사용할 클럽과 함께 드라이버를 꺼내들고 가거나, 혹 다른 클럽으로 구제구역을 측정했더라도 클럽 길이(드라이버 길이)는 알고 있는 것이 바람직하다. 43인치는 109.22cm, 45인치는 114.3cm다. 웨지로 잰 구제구역과 클럽 길이에 의한 구제구역은 약 20cm나 차이난다.

구제구역을 잴 때 꼭 드라이버를 사용하는 습관을 들여야 한다. 수중에 있는 짧은 클럽으로 잴 경우 예상치 못한 혼동을 일으킬 수 있다.

골프 게임을 즐겨라. 행복한 골프가 좋은 골프다.

Enjoy the game. Happy golf is good golf.

- 게리 플레이어(프로 골퍼)

제 2 장

퍼팅그린

17 퍼팅그린의 스파이크 자국을 수리할 수 있다

종전 규칙은 퍼팅그린에서 수리할 수 있는 것을 볼마크와 예전에 팠던 홀 자국으로 제한했다. 새 규칙에서는 이를 대폭 완화했다. 퍼팅그린을 원래 상태와 가능한 한 가장 가까운 상태로 복구하기 위한 합리적 행동이라면 페널티 없이 웬만한 퍼팅그린의 손상을 수리할 수 있게 했다.

여기에서 말하는 퍼팅그린의 손상이란 사람이나 외부의 영향으로 인해 생긴 손상을 일컫는다. 예컨대 볼 자국, 신발로 인한 손상(스파이크 자국 등), 장비나 깃대에 긁히거나 찍힌 자국, 전에 쓰던 홀을 메운 부분, 뗏장을 덧댄 부분, 잔디 이음매, 코스 관리도구나 차량에 긁히거나 찍힌 자국, 동물의 발자국이나 발굽 자국, 지면에 박힌 물체(돌멩이·도토리·티 등) 등이다. 퍼팅그린에 박힌 도토리를 제거한 후 도토리가 있었던 곳의 들어간 자국도 벌타없이 수리할 수 있게 됐다.

다만 플레이어가 퍼팅그린을 원래의 상태대로 복구하기 위한 합리적인 행동이라고 하기에는 지나친 행동(예, 홀에 이르는 경로를 만들거나 허용되지 않는 물체를 사용하는 행동)으로 퍼팅그린을 개선한 경우에는 일반 페널티를 받는다. 또 손상된 부분을 수리할 때에는 신속하게 해야 한다.

퍼팅그린

김효주가 에비앙챔피언십에서 그린 표면을 퍼터로 두드리고 있다.

그린의 스파이크 자국을 수리할 수 있게 됨으로써 그로 인한 논란이 줄어들 것으로 보인다.

18 깃대를 홀에 꽂은 채 퍼트할 수 있고, 볼이 깃대를 맞아도 페널티가 없다

종전에는 그린에서 퍼트할 때 깃대를 제거하거나, 캐디가 깃대를 잡고 있다가 뽑아야 했다. 퍼트한 볼이 깃대를 맞으면 페널티가 따랐다.

그러나 새 규칙에서는 두 가지 모두 달라졌다. 먼저 플레이어는 깃대를 홀에 꽂힌 그대로 두고 스트로크를 할 수 있다(깃대를 제거한 후 스트로크를 할 수 있는 것은 물론이다). 다음 그 상황에서 움직이고 있는 볼이 우연히 그 꽂힌 깃대를 맞힌 경우에도 페널티는 없으며 그 볼은 반드시 놓인 그대로 플레이해야 한다.

이는 플레이 속도를 높이려는 의도와 무관치 않다. 깃대를 반드시 꽂고 제거해야 하는 번거로움을 없앰으로써 플레이 속도를 상당 수준 높일 것으로 보인다.

깃대를 홀에 꽂아두기로 했을 때, 플레이어가 고의로 깃대를 홀 중앙이 아닌 위치로 움직임으로써 이익을 얻으려고 해서는 안된다. 이같이 깃대를 움직임으로써 움직이고 있는 볼이 그 삐딱하게 세워진 깃대를 맞힌 경우 플레이어는 일반 페널티를 감수해야 한다.

퍼팅그린

그린에서 깃대를 꽂은 채 스트로크를 할 수 있게 됨으로써 플레이 속도가 향상되고, 플레이어들은 취향에 따라 깃대를 꽂거나 뺀 채 스트로크할 수 있게 됐다. 최경주가 브리티시오픈 연습라운드에서 퍼트연습을 하고 있다.

19 홀에 꽂혀있는 깃대에 기댄 채 정지한 볼 처리는?

새 규칙은 플레이어의 볼이 홀에 꽂혀있는 깃대에 기댄 채 정지했을 때(종전엔 깃대를 움직여 홀인 여부를 가름했음) 처리 방식을 단순화했다.

요컨대 볼의 일부라도 퍼팅그린의 표면 아래의 홀 안에 있는 경우, 볼 전체가 그 표면 아래에 있지 않더라도 그 볼은 홀에 들어간 것으로 간주한다. 이같은 상황이 되면 깃대를 잡을 필요도 없이, 바로 볼을 집어들고 휘파람을 불며 다음 홀로 이동해도 전혀 하자가 없다.

볼이 깃대에 기대어 있으나, 볼의 어떤 부분도 퍼팅그린의 표면 아래의 홀 안에 있지 않은 경우에는 그 볼은 홀에 들어간 것이 아니다. 그 볼은 반드시 놓인 그대로 플레이해야 한다. 홀아웃한 것으로 착각하고 집어들어 다음 홀 티샷을 하면(마지막 홀이라면 스코어카드를 제출하면) 플레이어는 실격된다.

한편 깃대에 닿아 있는 채 홀 측면에 박힌 볼은 볼 전체가 퍼팅그린의 표면 아래에 있을 때에만 홀에 들어간 것으로 간주된다.

퍼팅그린

볼이 홀에 꽂혀 있는 깃대에 기댄 채 정지할 경우 이제 깃대를 흔들어 볼을 홀 아래로 떨어뜨릴 필요가 없다.
볼의 일부라도 퍼팅그린의 표면 아래의 홀 안에 있는 경우 홀에 들어간 것으로 간주한다. 이 경우 볼을 집어들어 다음 홀로 이동해도 전혀 상관없다.

20. 홀에 걸쳐 있는 볼이 플레이어가 깃대를 제거한 후 움직일 경우 처리방법은 세 가지

플레이어의 볼이 조금이라도 홀 가장자리에 걸쳐있다. 깃대는 홀에 꽂혀 있다. 이때 플레이어가 깃대를 제거했고 볼이 움직였다. 어떻게 해야 할까. 세 가지 경우의 수가 있다.

첫째 플레이어가 깃대를 제거하는 동작이 볼을 움직이게 한 원인이 됐을 경우 볼은 홀 가장자리에 리플레이스해야 한다(무벌타). 움직일 수 있는 장해물을 제거하자 볼이 움직인 것과 같은 상황처리다. 이때 볼은 정지한 것으로 간주되며 '10초 룰'은 적용되지 않는다.

둘째 깃대를 제거하는 동작이 볼을 움직이게 한 원인이 아닐 때는 '10초 룰'이 적용된다. 플레이어가 홀에 다가간 후 10초 안에 볼이 홀로 들어갔다면 전타(前打)로 홀아웃한 것이 된다. 10초가 지난 후 볼이 홀로 들어가면 전타에 1타를 더해야 한다.

셋째 자연의 힘에 의해 볼(그린에 오른 후 집어올리지 않은 상태임)이 다른 곳으로 움직인 것이 확실한 경우 볼이 멈춘 곳에서 다음 플레이를 하면 된다. 물론 10초 안에 홀로 들어가면 전타로 홀아웃한 것이 되고, 볼이 홀에서 멀리 굴러가면 그곳에서 다음 스트로크를 해야 한다.

퍼팅그린

홀에 걸쳐 있는 볼이 플레이어가 깃대를 제거한 후 움직일 경우 그 '원인'을 찾아 처리해야 한다.

21 모래와 흩어진 흙은 루스임페디먼트가 아니지만 퍼팅그린에서는 제거할 수 있다

모래와 흩어진 흙에 대한 정의가 달라졌다.

종전엔 '모래와 흩어진 흙은 퍼팅그린에 있을 때에는 루스임페디먼트이나 다른 곳에서는 아니다'고 정의됐으나 새 규칙에서는 '모래와 흩어진 흙은 루스임페디먼트가 아니다. 단, 퍼팅그린에 있는 모래와 흩어진 흙은 페널티 없이 제거할 수 있다'고 정의했다.

모래와 흩어진 흙에 대해 종전엔 코스의 구역에 따라 루스임페디먼트 여부가 갈렸으나, 지금은 루스임페디먼트가 아닌 것으로 규정한 후 퍼팅그린에서만 예외 규정을 뒀다. 퍼팅그린에서만 모래와 흩어진 흙을 치울 수 있고, 프린지에 있는 모래나 그린과 벙커 사이에 있는 모래는 치울 수 없다는 점은 예나 지금이나 같다.

볼이 퍼팅그린 밖에 있든 퍼팅그린에 있든, 퍼팅그린의 플레이 선에 있는 모래나 흩어진 흙은 얼마든지 제거할 수 있다.

퍼팅그린

모래와 흩어진 흙은 이제 루스임페디먼트가 아니다. 다만 퍼팅그린에서만 예외로 제거할 수 있다. 예나 지금이나 벙커와 퍼팅그린 사이 프린지에 있는 모래를 치우면 페널티가 부과된다.

22 퍼팅그린에서 자연의 힘에 의해 움직인 볼은 리플레이스 여부에 따라 플레이 장소가 달라진다

종전 규칙은 퍼팅그린에 있는 볼이 자연의 힘에 의해 움직일 경우 멈춘 곳에서 플레이를 하도록 돼있다. 그러나 새 규칙은 이를 일원화하지 않고 상황에 따라 다르게 규정했다.

요컨대 자연의 힘이 퍼팅그린에 있는 플레이어의 볼을 움직이게 한 경우, 플레이어는 그 볼을 집어 올렸다가 원래의 지점에 리플레이스했는지 여부에 따라 두 갈래 처리를 해야 한다.

이미 집어올렸다가 리플레이스한 볼이 자연의 힘에 의해 움직이면 그 볼은 반드시 원래의 지점에 리플레이스해야 한다. 그린에서 구제받고 플레이스한 볼도 자연의 힘으로 움직이면 리플레이스해야 한다. 이는 플레이어나 상대방 또는 외부의 영향에 의해 볼이 움직일 경우와 같은 처리 방식이다.

그 반면 집어올리지 않은 볼이 자연의 힘에 의해 움직이면 반드시 그 새로운 지점에서 플레이해야 한다.

파3홀 티샷이 홀옆 10cm 지점에 붙었다. 그 볼을 마크하고 집어올리기 전에 바람이 불어 홀로 들어가면 홀인원이다. 그러나 집어올리고 리플레이스한 후 바람이 불어 홀로 들어가면 볼을 제자리에 갖다놓아야 한다.

퍼팅그린

퍼팅그린에 있는 볼이 자연의 힘에 의해 움직일 경우 이미 집어올렸다가 리플레이스한 볼이냐, 집어 올리지 않았던 볼이냐에 따라 그 처리 방식이 다르다. 브리티시여자오픈에서 그린에 있는 볼이 움직이자 경기위원을 부른 박인비.

23 우박에 의한 퍼팅그린 손상은 수리할 수 있다

새 규칙에서는 퍼팅그린에서 대부분 손상을 수리할 수 있도록 했다. 다만 자연의 힘이나 자연적인 손상, 자연적으로 마모된 부분은 수리할 수 없다.

그런데 같은 '자연'이라도 우박에 의한 퍼팅그린 손상은 수리할 수 있다.

R&A와 USGA는 2019년부터 적용될 새 규칙을 확정한 후 의견 수렴과정에서 '갑작스럽게 쏟아진 우박으로 인한 손상은 어떻게 하느냐?'는 얘기가 나오자 2018년 12월 '우박에 의한 퍼팅그린의 손상은 수리할 수 있다'고 명확하게 정리했다.

우박의 사전적 의미는 '큰 물방울들이 공중에서 갑자기 찬 기운을 만나 얼어 떨어지는 얼음덩어리'다. 그 크기는 지름 5mm쯤 된다. 따라서 우박은 천연얼음이기 때문에 루스 임페디먼트이며, 지면에 있는 경우에는 플레이어의 선택에 따라 일시적으로 고인 물로 간주할 수 있다. 퍼팅그린에서든, 그 이외 지역에서든 루스 임페디먼트로 간주해 치울 수 있고, 일시적으로 고인 물에 의한 구제를 받을 수도 있다.

퍼팅그린

 핵심은 퍼팅그린이다. 퍼팅그린에 우박이 쏟아지면 플레이 선의 우박을 제거하고 스트로크하면 된다. 치우기에는 너무 많을 경우 치우는 대신 일시적으로 고인 물 구제를 받아도 된다. 우박으로 퍼팅그린이 파이거나 손상되면 볼자국이나 스파이크자국을 수리하듯 수리한 후 스트로크할 수 있다.

자연의 힘에 의한 퍼팅그린 손상은 수리할 수 없으나, 우박은 예외다. 우박은 루스임페디먼트나 일시적으로 고인 물로 간주할 수 있다.

24. 볼이 퍼팅그린에 있을 때에도 플레이어와 그 캐디는 스트로크하기 전에 플레이 선을 건드릴 수 있다

종전엔 볼이 퍼팅그린에 있을 때 플레이어나 그 캐디는 원칙적으로 플레이 선을 건드릴 수 없었다. 요컨대 특별한 경우를 제외하고 '퍼트 선 접촉'이 금지됐었다. 그러나 새 규칙에서는 볼이 퍼팅그린에 있는 경우에도 플레이어나 캐디는 손·발 또는 손에 든 것으로 퍼팅그린을 건드릴 수 있도록 했다. 볼이 프린지에 있거나 그린 주변에 있을 때 플레이어나 캐디가 퍼팅그린을 터치할 수 있는 것은 종전과 같다. 요컨대 볼이 퍼팅그린에 있든, 퍼팅그린 밖에 있든 플레이어나 그 캐디는 퍼팅그린의 플레이 선을 건드릴 수 있다.

다만 이 과정에서 스트로크에 영향을 미치는 상태를 개선해서는 안된다. 또 볼이 퍼팅그린에 있을 때 플레이어나 캐디는 퍼팅그린 안팎에 어떤 물체를 놓아두어 플레이어의 플레이 선을 나타내도록 해서는 안된다. 그 스트로크를 하기 전에 그 물체를 치우더라도 페널티를 면할 수 없다.

더욱이 플레이어가 스트로크를 하는 동안 플레이어의 캐디는 고의로 플레이어의 플레이 선이나 그 선 가까이에 서있어서는 안되며, 플레이 선을 가리키는 어떠한 행동(예, 퍼팅그린의 한 지점을 가리키는 행동)도 해서는 안된다. 단, 캐디가 깃대를 잡아주는 경우에는 예외다.

퍼팅그린

이제 퍼팅그린에서 플레이어와 그 캐디는 플레이 선을 건드릴 수 있다. 예외가 있었지만, 종전엔 볼이 퍼팅그린 밖에 있을 때에만 퍼팅그린을 터치할 수 있었다.

25 퍼팅그린에서 수리할 수 없는 네 가지

퍼팅그린에서 모든 손상을 수리할 수 있는 것은 아니다. 다음과 같은 원인으로 생긴 손상이나 상태는 '퍼팅그린의 손상'에 포함되지 않는다.

첫째 퍼팅그린의 상태를 유지하기 위한 일상적인 작업. 에어레이션 구멍이나 잔디깎기 작업으로 생긴 홈이 이에 해당한다.

둘째 급수·비·그 밖의 자연의 힘.

셋째 그린 표면의 자연적인 손상. 그린에 잡초가 난 부분, 잔디가 죽어있거나 병이 들었거나 고르게 자라지 않은 부분이 이에 해당한다.

넷째 홀이 자연적으로 마모된 부분.

위 네 가지에 원인에 의한 손상을 수리하면 일반 페널티를 받는다.

다만 자연적인 마모가 아니라, 깃대를 제거하는 과정이나 볼 낙하시 충격으로 손상된 홀은 수리할 수 있다.

퍼팅그린

새 규칙은 플레이어에게 퍼팅그린의 손상을 상당수 수리할 수 있게 허용하지만, 그래도 네 가지 경우는 수리할 수 없다. 홀이 자연적으로 마모된 부분은 수리할 수 없으니, 경기에 지장을 줄 정도라면 경기위원을 불러야 한다.

26 볼마커를 둔 채 스트로크하면 1벌타가 따른다

 집어올린 볼을 원래의 지점에 리플레이스할 것을 요구하는 규칙에 따라 그 볼을 집어올리는 경우, 플레이어는 반드시 그 볼을 집어올리기 전에 그 지점을 마크해야 한다. 볼을 마크할 때에는 인공의 볼마커(티, 동전, 볼마커용으로 만들어진 물건, 그 밖의 자그마한 장비 등)나 클럽을 사용해야 한다.

 그런데 볼마커를 사용하여 그 지점을 마크한 경우, 플레이어는 그 볼을 리플레이스한 후 스트로크하기 전에 반드시 그 볼마커를 제거해야 한다. 볼마커를 제거하지 않고 스트로크한 경우 플레이어는 1벌타를 받는다. 종전 규칙에서는 볼마커를 그대로 둔 채 스트로크해도 페널티가 따르지 않았다.

 스트로크하기 전에 볼마커를 제거하도록 바뀐 것은, 볼마커가 플레이 선 정렬 등에 도움이 될 수도 있다고 판단한 결과인 듯하다. 어쨌든 퍼팅그린에서 플레이어와 캐디가 신경써야할 일이 하나 늘었다.

퍼팅그린

리플레이스한 볼을 치기 전에 꼭 볼마커를 제거해야 한다.
볼마커를 둔 채 스트로크하면 1벌타가 따른다.

27 볼 위치를 마크하는데 나뭇잎은 사용할 수 없다

마크는 볼이 정지한 지점을 나타내기 위해 그 볼 바로 뒤나 옆에 볼마커를 놓아두거나, 클럽을 들고 그 볼 바로 뒤나 옆의 지면에 그 클럽의 한쪽 끝을 대는 것을 말한다. 이와같이 하는 이유는 볼을 집어올린 후 그 볼을 반드시 리플레이스해야 할 지점을 나타내기 위한 것이다. 볼마커나 클럽으로만 볼마크를 할 수 있다는 얘기다.

볼마커는 '티,동전, 볼마커용으로 만들어진 물건, 그 밖의 자그마한 장비처럼 집어올릴 볼의 지점을 마크하기 위해 사용하는 인공물을 말한다'고 정의됐다. '인공물'이라는데 주목할 필요가 있다. 종전엔 루스 임페디먼트(나뭇잎이나 색깔이 다른 풀잎 등)도 볼위치를 마크하는데 사용할 수 있었다. 심지어 퍼팅그린의 바닥을 긁어서 선을 냄으로써 볼위치를 마크해도 다른 규칙에 위반되지 않으면 허용됐다(권장사항은 아님). 이제는 자연물을 사용하거나 선을 긋는 것은 볼마크를 한 것으로 간주되지 않는다. 인공물로 된 볼마커를 쓰든지, 클럽을 쓰든지 해야 한다. 티(tee)를 써도 상관없다.

한편 규칙에서 어떤 볼마커를 움직인 것에 대해 언급하는 경우, 그것은 집어올린 후 아직 리플레이스하지 않은 볼의 지점을 마크하기 위해 코스에 놓아둔 볼마커를 의미한다.

퍼팅그린

볼마커는 인공물이어야 한다. 이제 수중에 볼마커가 없다고 하여 나뭇잎으로 볼 위치를 마크하는 것은 허용되지 않는다.

28. 플레이어가 집어든 볼을 캐디가 리플레이스하면 1벌타다

　플레이어의 볼을 집어올릴 수 있는 사람은 플레이어와 플레이어가 위임한 사람뿐이다. 다만 퍼팅그린에 있는 플레이어의 볼에 대해서는 플레이어가 위임하지 않아도 캐디가 그 볼을 집어올릴 수 있다.

　집어올린 볼은 반드시 리플레이스를 해야 하는데 이때 한 가지 주의해야 할 것이 있다. 플레이어가 집어든 볼은 캐디가 리플레이스할 수 없다는 점이다. 그렇게 리플레이스된 볼을 플레이하면 플레이어에게 1벌타가 부과된다. 리플레이스는 플레이어나 그 볼을 집어올렸거나 움직인 사람(규칙에 따라 허용되지 않는 사람이 볼을 집어올렸거나 움직이게 한 경우 포함)만이 할 수 있기 때문이다.

　자연히 플레이어가 집어올린 볼을 플레이어가 리플레이스하거나, 캐디가 집어올린 볼을 플레이어가 리플레이스하거나, 캐디가 집어올린 볼을 캐디가 리플레이스하는 경우에는 페널티가 없다.

퍼팅그린

퍼팅그린에서 플레이어의 위임없이도 캐디가 볼을 집어올릴 수 있다고 하여 리플레이스하는 일까지 제한없이 할 수 있는 것은 아니다. 플레이어가 집어든 볼은 캐디가 리플레이스할 수 없다.

29. 10초가 지나기 전에 홀에 걸쳐있는 볼을 상대방이나 다른 플레이어가 집어올리거나 움직인 경우

플레이어의 볼이 일부라도 홀 가장자리에 걸쳐있는 경우 플레이어에게는 홀에 다가가는데 필요한 합리적인 시간이 주어진다. 또 그 볼이 홀 안으로 떨어지는지 지켜보기 위해 기다리는 시간으로 10초가 추가로 허용된다.

그런데 규칙에서 허용된 10초의 시간이 지나기 전에 매치플레이의 상대방이나 스트로크플레이의 다른 플레이어가 홀에 걸쳐있던 플레이어의 볼을 고의로 집어올리거나 움직일 경우에는 어떻게 될까.

매치플레이에서 그 볼은 직전의 스트로크로 홀에 들어간 것으로 간주된다. 상대방은 페널티를 받지 않는다. 종전에는 일반 페널티(홀패)를 받았었다.

스트로크플레이에서 그 볼을 집어올리거나 움직인 플레이어는 일반 페널티(2벌타)를 받으며, 그 볼은 반드시 홀 가장자리에 리플레이스해야 한다. 그리고 '10초 룰'을 적용하기 위한 기다리는 시간은 더 이상 적용되지 않는다.

퍼팅그린

홀에 걸쳐 있는 볼을 10초가 지나기 전에 상대방이나 다른 플레이어가 집어올리거나 움직일 경우 그들에게 불이익이 따르므로 신중해야 한다.

그늘집 2

볼이 카트도로에 맞고 튀었을 지도 모르는 상황에서는 원래의 볼이 있을 것으로 추정되는 지점을 멀리 설정한다

남서울CC 16번홀. 평소엔 파5 홀이나 오픈대회에서는 파4로 운용되는 홀이다. 페어웨이 중간에 벙커가 가로놓여 있고, 오른쪽에 카트도로가 있다. 이 홀에서 티샷이 오른쪽으로 갈 경우 OB가 될 수 있으나, 운이 좋으면 볼이 카트도로를 맞고 퍼팅그린쪽으로 한참 굴러가기도 한다.

이 홀에서 드라이버샷 평균거리가 200m인 한 플레이어의 티샷이 티잉구역에서 190m 떨어진 오른쪽으로 날아갔다. OB가 날 가능성이 있고, 찾지 못할 수도 있다. 플레이어는 프로비저널볼을 쳤고, 그 볼은 200m 정도 날아가 페어웨이에 멈췄다.

플레이어는 앞으로 나가 원래의 볼을 약 1분 동안 찾아보다가 찾는 것을 포기하고 프로비저널볼을 스트로크했다. 이제 그 볼은 프로비저널볼이 아니라, 인플레이볼이 됐다(원구가 있을 것으로 추정되는 지점보다 홀로부터 가까운 곳에서 프로비저널볼을 플레이했으므로). 그리고 나서 그린쪽으로 걸어가는데 티잉구역에서 250m지점의 러프에 볼이 하나 있었고, 확인해 보니 자신의 볼이었다. 시간을 보니, 조금전 원래의 볼을 찾기 시작한 시점부터 3분이 채 안흘렀다. 원래의 볼이 카트도로를 맞고 약 50m나 앞으로 굴러간 것이다. 플레이어는 아쉬웠지만 어쩔 수 없었다. 그 볼은 이미 분실구가 됐으니….

이때 플레이어가 좀 사려깊었더라면 어땠을까. 그가 200m 지점에서 프로비저널볼을 치기에 앞서 다른 플레이어나 마커에게 "내 원래의 볼이 카트도로에 맞고 바운스되는 것을 봤다. 내 원래의 볼이 있을 것으로 추정되는 지점은 여기에서 한참 앞이다. 그러니 나는 규칙에 따라 이 프로비저널볼을 계속 치고 나가겠다."고 말했다고 하자. 그랬다면 그가 200m 지점에서 친 프로비저널볼은 원래의 볼이 있을 것으로 추정되는 지점보다 홀에 가깝지 않은 곳에서 친 것이므로 여전히 프로비저널볼의 효력을 지닌다. 따라서 원래의 볼을 발견하면, 프로비저널볼을 포기하고 원래의 볼로 인플레이를 할 수 있는 것이 아닐까.

드라이버샷이 카트도로를 맞아 프로비저널볼을 쳤다. 이때 볼이 앞(그린쪽)으로 튈 가능성이 있다면 원래의 볼이 있을 것으로 추정되는 지점을 멀리 설정하는 것이 어떨까.

요청받지 않는 한 조언하지 말라.

Don't give advice unless you're asked.

- 에이미 앨코트(프로 골퍼)

제 3 장

볼찾기·볼플레이

30 볼 찾는 시간은 3분이지만, 확인하기까지는 '플러스 알파'가 있다

플레이어나 그의 캐디가 볼을 찾기 시작한 후 3분 안에 볼이 발견되지 않으면 그 볼은 분실된 볼이다. 종전 규칙에서는 볼 찾는 시간이 5분이었으나 지금은 3분으로 2분 단축됐다.

볼을 찾기 시작한 후 3분 안에 볼이 발견됐지만, 그 볼이 플레이어의 볼인지 확실하지 않은 경우에는 확인하는데 필요한 합리적인 시간이 추가된다. 이 시간은 볼 찾기에 허용된 3분이 지난 뒤에도 허용된다.

예컨대 플레이어가 볼을 찾기 시작한지 2분50초만에 볼 하나를 발견했다. 그런데 그 볼이 자신의 볼임을 확인하기까지 20초가 걸렸다. 이 경우 그 볼은 분실된 것이 아니라, 플레이어의 인플레이볼이다.

또 플레이어가 볼이 발견된 곳에 있지 않은 경우에는 그곳까지 가는데 필요한 합리적인 시간이 주어진다. 이를테면 플레이어가 페어웨이 왼쪽에서 볼을 찾고 있는데, 오른쪽에서 다른 플레이어가 볼을 찾기 시작한지 2분30초만에 볼 하나를 발견했다. 플레이어가 볼을 확인하기 위해 그곳으로 가는데 40초가 걸렸고 그 볼은 플레이어의 볼로 확인됐다. 이 경우에도 찾은 그 볼은 플레이어의 인플레이볼이다.

그 밖에도 볼을 찾기 시작한 후 타당한 이유(플레이가 중단된 경우나 다른 플레이어가 플레이하는 것을 기다리느라 잠시 비켜서 있는 경우)가 있어서, 또는 플레이어가 확인했던 볼이 잘못된 볼이라서 찾기가 중단된 경우 그 때부터 볼 찾기가 재개되기까지의 시간은 볼찾는 시간에 포함되지 않는다. 잘못된 볼을 치느라 소요한 시간도 찾는 시간에 포함되지 않는다.

볼을 찾기 시작한 후 3분 안에 발견했다면, 그 후 플레이어의 볼임을 확인하는 과정에서 3분이 지났더라도 그 볼은 분실된 것이 아니라 인플레이볼이다.

31 볼을 확인하기 위해 집어올릴 때 마커나 다른 플레이어에게 사전통보할 필요가 없어졌다

어떤 볼이 플레이어의 볼일 수도 있으나 그 볼이 놓인 그대로는 확인할 수 없는 경우 플레이어는 확인하기 위해 그 볼을 돌려보거나 집어올릴 수 있다. 다만 그렇게 하기 전에 반드시 그 볼의 지점을 먼저 마크해야 하며, 확인하는데 필요한 정도 이상으로 그 볼을 닦아서는 안된다(퍼팅그린에서는 예외).

종전 규칙에서는 이 경우 마커나 다른 플레이어에게 사전에 그 의사를 통보하고 마크한 후 집어올리며 그 과정을 지켜볼 기회를 줘야 했다. 새 규칙은 통보와 지켜볼 기회를 주는 것은 안 해도 되고, 오로지 플레이어 스스로 마크하고 집어올릴 수 있도록 간소화했다.

이 밖에도 볼이 갈라지거나 금이 갔는지 확인할 때, 움직일 수 있는 장해물·비정상적인 코스상태(네 가지)·박힌 볼로 인해 구제가 허용되는 상태인지 확인할 때에도 통보없이 플레이어 스스로 마크하고 집어들 수 있다.

순전히 플레이어의 양심과 판단을 믿고 개정한 조항인데, 일부에서는 플레이어들이 이 조항을 남용해 정상적인 볼도 집어올린 후 스트로크에 영향을 미치는 상태가 좋은 곳에 리플레이스한 척하는 일이 있지 않을까 우려한다.

그래서 그런 걸까. R&A와 USGA는 "통보 절차는 생략됐지만, 이런

볼찾기·볼플레이

상황에서 다른 플레이어나 마커에게 알린 다음 마크하고 집어올리는 것은 여전히 좋은 습관이다"고 설명했다.

한편 볼을 마크하고 집어들 이유가 없는데도 무단히 집어든 경우에는 1벌타가 부과된다.

이제 볼을 확인하기 위해 집어올릴 때 마커나 다른 플레이어에게 사전통보할 필요가 없어졌다. 그러나 이 규정을 남용할 수 있다는 우려도 있는 만큼 다른 플레이어나 마커에게 알린 다음 마크하고 집어올리는 것은 좋은 습관이다.

32 한 스트로크에 주어진 시간은 최대 40초

　골프 라운드는 신속한 속도로 플레이해야 한다. 플레이어는 자신의 플레이 속도가 자신의 조와 그 뒤 조들뿐만 아니라 그 라운드의 다른 모든 플레이어들의 플레이 시간에까지 영향을 미친다는 점을 인식해야 한다.

　특히 플레이어는 다음 스트로크를 미리 준비하여 자신의 순서가 됐을 때 곧바로 플레이할 수 있도록 해야 한다.

　새 규칙은 '플레이할 순서가 된 경우 플레이어는 방해를 받지 않고 플레이할 수 있게 된 후로부터 40초 안에 스트로크할 것을 권장하며 대체로 그보다 더 짧은 시간 안에 플레이할 수 있어야 하고, 그렇게 할 것을 권장한다'고 규정했다. 위원회에서 구체적으로 플레이 속도 지침을 내리겠지만, 한 스트로크를 하는데 40초를 넘지 않아야 하는 것으로 알면 틀림이 없다.

　문제는 시간을 재기 시작하는 기준점이다. '플레이할 순서가 된 플레이어가 방해를 받지 않고 플레이할 수 있게 된 때'가 바로 계시(計時) 시점이다. 자신의 순서가 된 상태에서 앞조 플레이어들이 이미 빠져나갔고, 갤러리나 악천후 등으로부터 방해가 없다면 바로 그 시점부터 40초 이내에 스트로크를 해야 한다는 뜻이다.

볼찾기·볼플레이

40초는 결코 짧지 않은 시간인데도, 잡다한 루틴으로 한 스트로크를 하는데 1~2분을 소요하는 플레이어가 많은 것이 현실이다.

골프에서 외워야 할 숫자는 많다. 플레이어들은 이제 '40'이라는 숫자도 기억해야 한다. 플레이어들은 자신이 플레이할 순서가 된 경우 방해를 받지 않고 플레이할 수 있게 된 후로부터 40초 안에 스트로크를 할 수 있어야 한다.

33 '투 터치'해도 페널티없이 1타로 계산한다

　한 번 스트로크를 했는데도 볼이 클럽헤드에 두 번 이상 맞는 일이 있다. 깊은 러프, 벙커, 프린지, 그린 등 코스 곳곳에서 일어날 수 있는 상황이다. 1985년 US오픈 최종일에 대만의 첸체충이 '두 번 치기'를 한 끝에 우승다툼에서 밀려난 것은 유명한 일이다. 2018년 12월 히어로 월드챌린지에서는 타이거 우즈도 이 논란에 휩싸인 바 있다.

　이제는 '투 터치' 걱정을 하지 않아도 된다. 새 규칙에서는 '플레이어의 클럽이 우연히 두 번 이상 볼을 맞히더라도, 그것이 단 한 번의 스트로크로 그렇게 된 경우에는 페널티가 없다'고 규정하고 있기 때문이다. 페널티 없이 그 스트로크 하나만 계산하면 된다.

　두 번 치기 상황이 발생해도 플레이어가 인정하지 않는 경우가 잦은데, 첨단 기기로도 그 여부를 확인하기 힘들었던 점이 '노 페널티'로 귀결된 이유인 듯하다.

　한편 움직이고 있는 볼에 고의로 두 번 이상 스트로크할 경우, 그 스트로크는 인정되고 따로 2벌타가 부과된다.

볼찾기·볼플레이

대만의 첸체충이 1985년 US오픈 최종일 그린 주변 러프에서 '두 번 치기'를 하고 있다. 첸체충이 당시 이로 인한 벌타를 받지 않았더라면 아시아 남자골퍼의 메이저대회 우승 역사가 바뀌었을지 모른다.

34 퍼팅그린 이외의 곳에서 집어올린 볼을 닦을 수 없거나 제한이 따르는 네 경우

퍼팅그린에서 집어올린 볼은 언제든지 닦을 수 있다. 퍼팅그린 이외의 곳에서도 집어올린 볼은 대부분 닦을 수 있으나 다음 네 경우에는 제한이 따른다.

첫째 볼이 갈라지거나 금이 갔는지 확인하기 위해 집어올린 경우 볼을 닦는 것이 허용되지 않는다.

둘째 자신의 볼인지 확인하기 위해 집어올린 경우에는 확인하는데 필요한 정도까지만 닦는 것이 허용된다.

셋째 플레이에 방해가 되기 때문에 집어올린 경우 볼을 닦는 것이 허용되지 않는다.

넷째 구제가 허용되는 상태에 놓인 볼인지 확인하기 위해 집어올린 경우 플레이어가 규칙에 따라 구제를 받을 수 있는 경우가 아닌 한 볼을 닦는 것이 허용되지 않는다. 구제를 받을 수 없는 상태라면 닦을 수 없다는 얘기다.

집어올린 볼을 닦을 수 없는 이 네 가지 상황에서 볼을 닦은 경우 플레이어에게는 1벌타가 부과된다.

볼찾기·볼플레이

퍼팅그린 이외의 곳에서 집어올린 볼을 닦을 수 없는 경우에는 볼을 조심스럽게 다뤄야 한다. 볼을 닦았다는 의심이 조금이라도 들면 플레이어에게 불리하게 해석될 수밖에 없다.

35 볼을 리플레이스할 때 다른 볼을 사용할 수 있는 경우는 네 가지다

볼을 규칙에 따라 리플레이스할 때에는 반드시 원래의 볼을 사용해야 한다. 다만 네 가지 예외가 있다. 다음은 리플레이스할 때 다른 볼을 사용할 수 있는 경우다.

첫째 플레이어가 고의로 원래의 볼을 찾지 못하도록 한 경우가 아닌 한, 수 초 동안의 합리적인 노력으로 원래의 볼을 찾을 수 없을 때다.

플레이어가 퍼팅그린에서 볼을 집어든 후 캐디에게 닦아달라고 던졌다. 그런데 실수로(플레이어 잘못이든 캐디 잘못이든) 캐디가 그 볼을 받지 못했고 볼은 퍼팅그린 옆 연못에 빠져버렸다. 이 경우 종전에는 그 볼을 회수할 수 없어서 다른 볼로 교체하면 플레이어에게 2벌타(매치플레이에서는 홀패)가 주어졌다. 그런데 지금은 고의적인 행동으로 보지 않아 페널티 없이 다른 볼을 리플레이스할 수 있다.

그 반면 플레이어가 화가 나서 볼을 연못으로 던져버렸을 경우에는 경기위원회의 판정을 기다려야 할 것이다. 단순히 화풀이로 그랬다면 페널티를 면할 수도 있겠으나, 볼을 교체하려는 의도가 있었을 경우엔 고의성이 인정돼 일반 페널티를 받는다. 위원회에서 그것을 '부당한 행동'으로 볼 경우 행동 수칙에 적시된 바에 따라 1

볼찾기·볼플레이

벌타나 일반 페널티 또는 실격을 받을 수 있다.

둘째 원래의 볼이 갈라지거나 금이 간 경우다.

셋째 중단되었던 플레이가 재개된 경우다.

넷째 플레이어의 원래의 볼을 다른 플레이어가 잘못된 볼로서 플레이한 경우다.

규칙에 따라 볼을 리플레이스할 때에는 꼭 원래의 볼을 사용해야 한다. 그러나 네 가지 예외가 있으므로 잘 기억해두면 그 값어치를 하지 않을까.

36 나무 위 볼은 발견·확인 과정에서 우연히 움직여도 페널티가 없다

플레이한 볼이 소나무·야자수 등 나무 위에 멈추는 경우가 있다. 이 상황에서는 종전과 같은 규정도 있고, 달라진 부분도 있다.

나무 위에 있는 볼을 스트로크하려고 나무 위로 올라가다가 볼을 떨어뜨릴 경우 예나 지금이나 1벌타가 따른다. 물론 그 볼은 리플레이스해야 한다. 스트로크하기 전에 언플레이어블볼 처리 의사를 밝히고 나무를 흔들어 볼을 떨어뜨릴 경우도 예나 지금이나 벌타가 없다. 단, 볼이 자신의 것으로 확인되면 반드시 언플레이어블볼 처리를 해야 한다.

새 규칙은 '볼을 발견하거나 확인하는 과정에서 그 볼이 우연히 움직인 경우 페널티는 없다'고 규정한다. 따라서 플레이어가 나무 위 볼을 찾거나 자신의 볼인지 여부를 확인하던 중 우연히 볼을 움직이면 페널티가 없다. 이를테면 나무 위에 있는 볼을 확인하기 위해 나무 위로 올라가다가 우연히 볼을 떨어뜨린 경우도 종전과 달리, 페널티가 부과되지 않는다. 이는 확인하기 위한 합리적인 행동으로 간주된다. 종전엔 이 경우도 플레이어에게 책임을 물어 1벌타가 부과됐다.

볼찾기·볼플레이

　요컨대 볼이 나무 위에 있을 경우 발견·확인하는 과정에서 우연히 그 볼을 움직이면 무벌타, 스트로크하기 위해 접근하다가 움직이면 벌타가 따른다. 따라서 나무 위로 올라갈 때에는 "내 볼인지 확인하러 간다"고 말해두면 면책이 될 것이고, 혹 스트로크하기 위해 올라간다면 볼 움직임을 주의해야 하겠다. 나무 위에 있는 볼을 치기 어렵다면, 처음부터 언플레이어블볼 처리 의사를 밝히고 나무를 흔들든가 찾든가 하는 것이 바람직하다.

볼이 나무 위에 있을 경우 발견·확인하는 과정에서 우연히 그 볼을 움직이면 무벌타이나, 스트로크하기 위해 접근하다가 움직이면 벌타가 따른다. 처음부터 언플레이어블볼 처리 의사를 밝히는 것이 바람직하다.

37 상태를 개선했더라도 스트로크 전에 복원하면 페널티를 면할 수 있다

플레이어가 어떤 물체를 움직이거나 구부리거나 부러뜨림으로써 스트로크에 영향을 미치는 상태를 개선했거나, 어떤 물체를 어떤 자리에 갖다놓음으로써 그 상태를 개선하여 규칙을 위반한 경우 종전엔 페널티가 부과됐다(예외 있음). 그러나 지금은 스트로크를 하기 전에 원래의 상태로 되돌려놓음으로써 그 개선된 상태를 제거하면 페널티를 면할 수 있다.

이를테면 제거했던 코스의 경계물(예, 경계 말뚝)을 스트로크하기 전에 제자리에 갖다두거나, 원래의 각도와 다르게 꽂아두었던 코스의 경계물을 원래대로 꽂아두면 페널티가 부과되지 않는다. 움직였던 나뭇가지나 풀, 움직일 수 없는 장해물을 스트로크하기 전에 원래의 위치로 되돌려놓아도 페널티를 받지 않는다. 또 갖다 놓았던 물체를 스트로크하기 전에 제거함으로써 그 개선된 상태를 제거한 경우에도 페널티가 부과되지 않는다.

볼찾기·볼플레이

다만 개선된 상태가 복원되지 않거나, 그 상태를 복원하기 위해 원래의 물체 외의 다른 물체를 사용할 경우는 페널티 면제를 받을 수 없다. 또 디봇을 제자리에 도로 갖다 놓기, 이미 제자리에 메워진 디봇이나 뗏장을 제거하거나 누르기, 구멍이나 자국 또는 울퉁불퉁한 부분을 만들거나 없애기, 모래나 흩어진 흙을 제거하거나 누르는 행동, 이슬이나 서리 또는 물을 제거하는 행동은 페널티 면제 조항에 해당되지 않는다.

예전엔 OB말뚝을 제거하면 페널티가 따랐으나 이제는 제거했더라도 스트로크하기 전에 제자리에 갖다꽂으면 페널티가 부과되지 않는다. 그 반면 예외도 있으니, 주의해야 한다.

38. 원상복구하면 페널티가 면제되는 상황들

골프에서 플레이어가 순간적으로 잘못 판단하는 일은 자주 있다. 그 잘못을 스트로크나 어떤 행동을 할 때까지 지속하면 페널티가 따르게 마련이다.

그런데 새 규칙에서는 일정한 시간 안에, 또는 조건 아래 잘못을 시정(또는 시정하려는 의사 표시)하거나 잘못을 원상복구하면 페널티가 면제되는 길을 열어놓았다.

첫째 제거했던 코스의 경계물을 제자리에 갖다두거나 원래의 각도와 다르게 꽂아두었던 코스의 경계물을 원래대로 꽂아두면 페널티를 면할 수 있다.

둘째 움직였던 나뭇가지나 풀, 움직일 수 없는 장해물(TIO 포함)을 원래의 위치대로 되돌려놓으면 '노 페널티'다.

다만 위 두 경우는 개선된 상태가 복원되지 않거나 복원하는데 원래의 물체 이외의 다른 물체를 사용한 경우 페널티를 면할 수 없다.

셋째 갖다놓았던 물체를 스트로크하기 전에 제거함으로써 그 개선된 상태를 제거한 경우 페널티가 없다.

넷째 코스 어디에서나 플레이어가 스탠스를 취한 이후 캐디가 플레이 선 후방의 연장선이나 그 가까이에 서있더라도 플레이어가 스탠스를 풀고 캐디가 그 위치에서 벗어날 때까지 다시 스탠스를 시

볼찾기·볼플레이

작하지 않은 경우에는 페널티가 없다.

다섯째 플레이어가 퍼팅그린 이외에서 자신의 플레이 선을 나타내도록 하기 위해 어떤 물체를 코스에 놓았으나 스트로크하기 전에 그 물체를 그 자리에서 치우면 페널티가 없다.

여섯째 플레이어가 라운드 동안 고의로 조정가능한 부품을 사용해 자신의 클럽 성능을 변경했으나 그 클럽으로 스트로크하기 전에 그 부품을 다시 조정하여 원래의 위치와 가까운 상태로 되돌려놓은 경우 페널티는 없고 그 클럽을 계속 사용할 수 있다.

일곱째 라운드 직전 14개를 초과하는 클럽을 가지고 있는 것을 발견해도 그 초과된 클럽을 사용하지 않겠다는 선언을 할 경우 초과클럽을 지니고 라운드해도 페널티가 없다.

잘못을 시정하거나 원상복구하면 페널티가 면제되는 상황이 더러 있다. 순간적으로 판단을 잘못했어도 곧바로 바로잡으면 페널티를 받지 않는다.

39 볼을 찾다가도 시간이 허용할 경우 되돌아가 프로비저널볼을 칠 수 있다

　종전 규칙에서 프로비저널볼은 '원구를 찾으러 앞으로 나가기 전에 플레이해야 한다'(예외 있음)고 돼있다. 프로비저널볼을 플레이하는 목적이 시간절약인만큼 당연한 순서였다.

　새 규칙에서도 '플레이어는 시간을 절약하기 위해 스트로크와 거리의 페널티를 받고 잠정적으로 다른 볼을 플레이할 수 있다'고 규정했으나 종전 규칙과 미세한 차이가 있다. '원래의 볼이 발견되거나 확인되지는 않았지만 아직 그 볼이 분실된 것은 아닌 경우'에도 프로비저널볼을 플레이할 수 있다는 규정을 넣었다.

　요컨대 원래의 볼을 찾기 시작한 지 3분이 안지났으나 아직 원래의 볼을 발견하지 못했을 경우 직전 플레이한 곳으로 되돌아가 프로비저널볼을 플레이할 수 있는 것이다. 3분이 안지난 상태에서 원래의 볼을 발견하기 전에는 언제든지 프로비저널볼을 플레이할 수 있다. 물론 티샷을 발견하지 못하면 티잉구역으로 먼 길을 돌아가 프로비저널볼을 칠 수도 있다.

다만 그러기까지 '볼 찾는 시간 3분'은 계속 적용된다(누가 찾든 안 찾든 상관없이). 볼을 처음 찾기 시작한 후 되돌아가 프로비저널볼을 플레이하고 나서도 3분이 안지난 상황에서 원래의 볼이 발견될 경우 원래의 볼이 인플레이볼이 된다. 프로비저널볼을 플레이한 직후 3분이 지났고, 그 조금 후 원래의 볼을 발견했다면 프로비저널볼이 인플레이볼이 된다.

원래의 볼을 찾기 시작한 지 3분이 안지났으나 아직 원래의 볼을 발견하지 못했을 경우 직전 플레이한 곳으로 되돌아가 프로비저널볼을 플레이할 수 있다.
'프로비저널볼은 원구를 찾으러 앞으로 나가기 전에 플레이해야 한다'는 종전 규칙에서 한걸음 더 나아간 것으로 골퍼들의 선택폭이 넓어졌다.

원래의 볼이 있을 것으로 추정되는 지점에서 프로비저널볼을 플레이했어도 프로비저널볼 자격을 잃지 않는다

드라이버샷이 약 200m 날아갔으나 숲속으로 들어갔다. 플레이어는 시간절약을 위해 프로비저널볼을 플레이하고 나갔다. 프로비저널볼도 약 200m 나갔다. 플레이어는 200m 지점에서 원래의 볼을 1분 정도 찾다가 진행상 이유로 그 옆에 있는 프로비저널볼을 플레이했다.

이 경우 종전 규칙에서는 원래의 볼이 있을 것으로 추정되는 지점에서 프로비저널볼을 플레이한 순간 프로비저널볼이 인플레이볼이 된다. 그 후 원래의 볼을 찾아도 소용없다.

그런데 새 규칙에서는 원래의 볼이 있을 것으로 추정되는 지점에서 프로비저널볼을 플레이해도 프로비저널볼의 자격을 유지한다고 규정했다. 200m 지점에서 친 프로비저널볼은 여전히 프로비저널볼이고, 그 프로비저널볼을 치고 난 후 그 근처에서 원래의 볼을 발견하면 프로비저널볼을 버리고 원래의 볼로 플레이하면 된다.

물론 원래의 볼이 있을 것으로 추정되는 지점보다 홀에 더 가까운 지점에서 프로비저널볼을 플레이하면 프로비저널볼이 곧바로 인플레이볼이 된다.

볼찾기·볼플레이

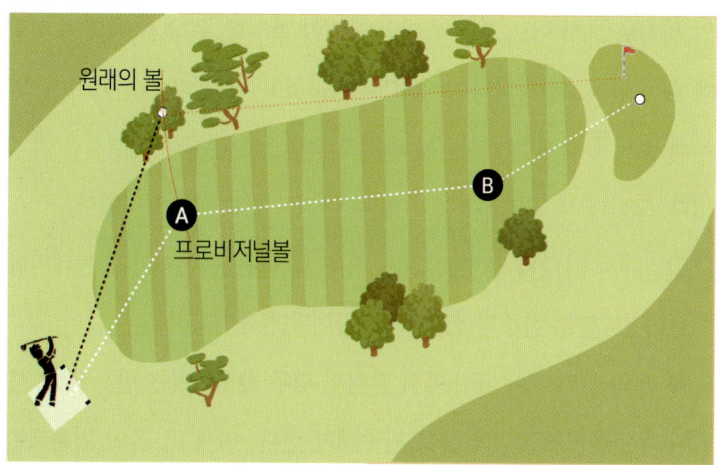

원래의 볼이 있을 것으로 추정되는 지점과 홀로부터 같은 거리에 있는 지점(A)에서 프로비저널볼을 플레이할 경우 종전엔 그 볼이 인플레이볼이 됐으나 이제는 프로비저널볼로서 효력을 유지한다. 원래의 볼 추정지점보다 홀로부터 가까운 지점(B)에서 프로비저널볼을 플레이하면 그 볼은 인플레이볼이 된다

41 원래의 볼과 프로비저널볼을 구별할 수 없을 때의 간단한 해결 '공식'

플레이어가 플레이한 프로비저널볼이 원래의 볼과 동일한 일반적인 위치로 가서 어느 볼이 원래의 볼인지 확인할 수 없을 때에는 어떻게 해야 할까. 볼이 하나만 발견될 수도 있고, 두 개가 발견될 수도 있는데 종전 규칙재정에서는 네 가지의 상황으로 분류해 해결책을 제시했다. 그러나 새 규칙에서는 이를 두 가지로 단순하게 정리했다.

코스에서 하나의 볼만 발견된 경우 그 볼은 플레이어가 플레이한 프로비저널볼로 간주되며, 이제 그 볼이 인플레이볼이다.

두 개의 볼이 모두 코스에서 발견된 경우 플레이어는 반드시 그 중 하나의 볼을 프로비저널볼로 간주해야 한다. 이제 그 볼이 인플레이볼이며 다른 볼은 분실된 볼로 간주되므로 그 다른 볼을 플레이해서는 안된다.

참고로 두 개의 볼이 모두 페널티구역에서 발견된 경우 종전 규칙에서는 원구를 페널티 구제 처리(다음 스트로크는 3타째)하면 됐으나, 새 규칙에서는 프로비저널볼을 페널티 구제 처리(다음 스트로크는 5타째)해야 하므로 플레이어에게 더 불리해졌다.

볼찾기·볼플레이

플레이어가 플레이한 프로비저널볼이 원래의 볼과 동일한 위치로 간 후 볼 두 개가 다 발견됐다. 다만 어느 볼이 원래의 볼인지 확인불가능하다. 이 경우 플레이어는 반드시 그 중 하나를 프로비저널볼로 간주해야 하고, 다른 볼은 분실처리해야 한다.

그늘집 3

어프로치샷한 볼이 홀에서 약 5cm 떨어진 곳에 멈출 경우 '10초 룰'은 지워버려라

플레이어의 볼이 홀 가장자리에 걸쳐있는 경우 절차는 이렇다.

'플레이어에게는 홀에 다가가는데 필요한 합리적인 시간이 주어지며, 그 볼이 홀안으로 떨어지는지 지켜보기 위해 기다리는 시간으로 10초가 추가로 허용된다. 10초 안에 그 볼이 홀 안으로 떨어질 경우, 플레이어는 직전의 스트로크로 홀아웃한 것이 된다. 10초 안에 그 볼이 홀 안으로 떨어지지 않은 경우, 그 볼은 정지한 것으로 간주된다. 그 볼을 플레이하기 전에 그 볼이 홀 안으로 떨어진 경우에는 플레이어가 직전의 스트로크로 홀아웃한 것이 되지만, 그 홀의 스코어에 1벌타가 추가된다.'

이른바 '10초 룰'은 볼이 홀에 조금이라도 걸쳐 있는 경우로 한정된다. 그렇지 않고, 볼이 홀 가장자리에서 1cm든 10cm든 떨어져 있을 경우에는 이 룰이 적용되지 않는다.

바람이 많이 부는 골프장의 한 파3홀에서 티샷한 볼이 홀옆에 바짝 붙었다. 생애 첫 홀인원이 되는가하고 기대했는데, 볼이 시야에 들어오니 무척 아쉽다. 다른 플레이어들과 함께 그린으로 갔다. 볼은 홀옆 3cm 지점에 멈춰있었다.

이 경우 홀에 다가간 후 10초동안 기다리는 시간과는 무관하다. 볼이 홀에 걸쳐있지 않기 때문이다. 따라서 다른 플레이어들이 퍼트하는

데 도움이나 방해가 되지 않으면 볼을 집어올리지 말고 20~30초동안 더 기다려볼 수 있다. 혹 아는가. 돌풍이 불어 멈춰있는 볼이 홀로 들어갈지를….

새 규칙에 따르면 그린에 있는 볼은 마크하고 집어올리기 전에 자연의 힘에 의해 움직이면 그 새로운 지점에서 플레이해야 한다. 이 경우처럼 집어올리지 않은 상황에서 바람이 불어 볼이 홀로 들어가면 직전의 스트로크로 홀아웃한 것이 된다. 즉 홀인원이다.

볼이 홀 옆에 멈췄을 때에는, 다른 플레이어가 양해하는 범위에서 좀 뻔뻔해질 필요가 있겠다.

플레이한 볼이 홀에 근접했으나 홀에 걸쳐있지 않을 때엔 '10초 룰'이 적용되지 않는다. 다른 플레이어에게 도움이나 방해가 되지 않으면 볼을 집어들지 말고, 10초 이상 기다려보는 것이 어떨까.

(골프도 인생처럼) 당신의 능력에 걸맞은 전략을 세워라.

Match your strategy to your skills.

- 아놀드 파머(프로 골퍼)

제 4 장

페널티 없는 구제

42 박힌 볼은 일반구역에서만 구제받는다

종전 규칙에서 지면에 박힌 볼은 스루 더 그린의 잔디를 짧게 깎은 지역에서만 구제받을 수 있었다. 다만 로컬룰로 잔디 길이가 페어웨이보다 긴 러프에서도 구제받을 수 있도록 하곤 했다.

새 규칙에서는 일반구역 전체(러프 지역 포함)에서 박힌 볼을 구제받을 수 있도록 확대했다. 다만 일부 프로골프대회에서는 로컬룰을 두어 페어웨이 잔디 길이 이하의 지역에서만 박힌 볼 구제를 받게끔 할 수도 있겠다.

박힌 볼 구제를 일반구역으로 확대했지만, 그곳에서도 구제를 받지 못하는 두 경우가 있다.

첫째 잔디의 길이가 '페어웨이 잔디 길이 또는 그보다 더 짧은 길이가 아닌' 일반구역에 있는 모래에 볼이 박힌 경우다. 이를테면 러프 지역의 디봇자국내 모래에 박힌 볼은 구제 대상이 아니라는 뜻이다. 또 있다. 스카이72GC 오션코스 1, 4번홀 페어웨이 왼편에는 모래와 돌멩이 등으로 채워진 대형 모래밭이 있다. 이 코스에서 대회를 주관한 미국LPGA투어 경기위원회는 이곳을 '자연지역'(Natural Areas)으로 명명했다. 따라서 이 지역은 벙커가 아니라, 일반구역으로 간주된다. 그렇지만 티샷 등이 이곳에 떨어져 모래에 박힌 경우 이곳엔 페어웨이 잔디 길이 이하의 잔디가 없기 때

페널티 없는 구제

문에 박힌 볼 구제를 받지 못한다.

둘째 일반론이지만, 볼이 박힌 상태가 아닌 다른 이유 때문에 그 볼을 플레이하는 것이 불합리한 경우에도 박힌 볼 구제를 받지 못한다. 예컨대 볼이 박혔어도 볼이 덤불속에 있어서 치기 어렵다면 구제받을 수 없다.

일반구역에서는 박힌 볼 구제를 받을 수 있게 됐지만, 잔디의 길이가 '페어웨이 잔디 길이 또는 그보다 더 짧은 길이가 아닌' 일반구역에 있는 모래에 볼이 박힌 경우 구제받지 못한다. 스카이72GC 오션코스 1번홀 왼편에 있는 대형 모래밭(벙커가 아니라 '자연지역'으로 규정함)은 일반구역이나 볼이 이곳에 떨어져 모래에 박히면 구제 못받는다.

43 박힌 볼 구제를 받는 기준점과 구제구역이 달라졌다

볼이 일반구역에 박힌 경우 페널티 없는 구제를 받을 수 있다.

그런데 구제를 받을 수 있는 구제구역의 정의가 달라졌다. 종전엔 '홀에 더 가깝지 않고 볼이 놓여있던 지점에 되도록 가까운 곳에 드롭할 수 있다'고 드롭할 장소를 설명했다. 원래의 볼 양 옆이 될 수도 있고 뒤쪽이 될 수도 있을 뿐더러, '되도록 가까운 곳'이라는 말도 분명하지 않아 모호한 점이 있었다.

새 규칙에서는 명쾌하게 정리했다. 우선 기준점을 정해야 한다. 그곳은 '볼이 박힌 지점 바로 뒤의 지점'이다. 그런 후 그 기준점으로부터 한 클럽 길이 이내의 구역(구제구역)에 드롭해야 한다.

다만 구제구역은 반드시 일반구역에 있어야 한다. 그러면서 기준점보다 홀에 가깝지 않아야 한다.

이 경우에도 물론 원래의 볼로 드롭하거나 새 볼로 드롭하고 플레이할 수 있다.

페널티 없는 구제

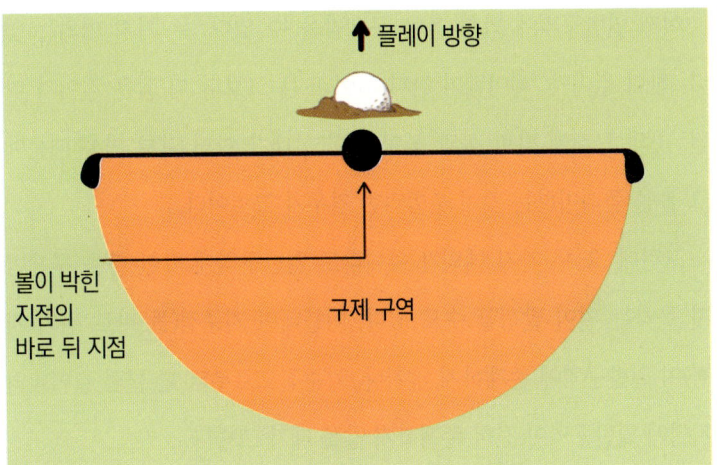

박힌 볼 구제시 기준점은 '볼이 박힌 지점 바로 뒤의 지점'이고, 그 기준점으로부터 한 클럽 길이내 구역이 구제구역이다.

44 일반구역에 박힌 볼도 구제를 받지 못할 수 있다

이제 일반구역에 박힌 볼은 구제받을 수 있다. 두 가지 예외는 있다. 잔디 길이가 '페어웨이 잔디 길이 또는 그보다 더 짧은 길이가 아닌' 곳의 모래에 박힌 볼과 볼이 박힌 상태가 아닌 다른 이유 때문에 그 볼을 플레이하는 것이 불합리한 경우가 그것이다.

그런데 그 두 가지 예외가 아니라도 일반구역에 박힌 볼을 구제받지 못하는 일이 발생할 수도 있다. 이를테면 기준점(볼 바로 뒤의 지점)이 일반구역에 존재하지 않거나, 기준점으로부터 한 클럽 길이내의 지역에 일반구역이 전혀 존재하지 않을 때가 그렇다.

예컨대 이런 경우다. ①볼이 벙커와 거의 맞닿은 턱이나 측벽·측면에 박히고 ②박힌 볼 구제의 기준점이 되는 '볼이 박힌 지점 바로 뒤의 지점'은 벙커이며 ③기준점으로부터 한 클럽 길이 이내 구역으로서, 기준점보다 홀에 가깝지 않은 구제구역안에 일반구역이 없을 때다. 이를테면 볼이 벙커를 갓 벗어난 턱에 박혔고, 그 바람에 기준점과 구제구역은 벙커에 형성될 수밖에 없는 상황이다.

이럴 경우엔 박힌 볼 구제를 받지 못하므로(페널티 없는 구제가 허용되지 않으므로) 볼이 있는 그대로 스트로크하거나, 언플레이어블볼 처리를 하는 수밖에 없다.

페널티 없는 구제

억세게 운이 없을 때에는 일반구역에 박힌 볼도 구제를 받지 못할 수 있다. 그땐 그대로 스트로크하거나, 언플레이어블볼 처리를 하는 수밖에 없다.

45 규칙에 따라 구제받고 드롭한 볼은 일반구역에 박혀도 구제받지 못한다

종전 규칙에서는 적용할 수 있는 규칙에 의해 구제를 받고 드롭한 볼이 그 낙하충격으로 지면에 박힐 경우 박힌 볼 구제를 받을 수 있었다. 그러나 새 규칙에서는 규칙에 따라 구제받고 드롭한 볼이 일반구역에 박혀도 구제받을 수 없도록 했다. 드롭을 무릎 높이에서 하게 됨에 따라 드롭한 볼이 지면에 박힐 일이 거의 없을 것으로 본 때문이리라. 따라서 무른 땅에 드롭을 할 때에는 볼이 박히지 않도록 세심하게 살펴야 하겠다.

이제 드롭한 볼이 지면에 박힐 경우엔 그대로 치거나, 언플레이어블 볼 구제를 받는 수밖에 없다.

드롭한 볼이 박힌 경우 외에 다음 두 가지 이유 때문에 볼이 지표면 아래에 있는 경우 박힌 볼 구제를 받지 못한다.

첫째 누군가가 볼을 밟아서 그 볼이 땅속으로 밀려들어간 경우다. 이땐 페널티 없이 원래 자리에 리플레이스하면 된다.

둘째 볼이 전혀 공중으로 뜨지 않고 곧장 지면에 처박힌 경우다. 볼을 제대로 가격하지 못했거나 지면이 무를 경우 가끔 있는 일이다. 이땐 그대로 치거나 언플레이어블볼 처리를 할 수밖에 없다.

페널티 없는 구제

규칙에 따라 드롭한 볼이 박힐 경우 그곳이 일반구역이라도 박힌 볼 구제를 못받는다. 그대로 치거나, 언플레이어블볼 구제를 받는 수밖에 없으므로 무른 땅에 드롭할 때에는 세심하게 살펴야 한다.

46 잘못된 그린에 스탠스가 걸려도 꼭 구제받아야 한다

볼이 그곳에 떨어질 경우 반드시 구제를 받아야 하는 곳은 두 군데다. 잘못된 그린과 플레이금지구역이 그곳이다.

잘못된 그린(종전 용어는 '다른 퍼팅 그린')의 경우, 종전엔 그곳에 볼이 올라갔을 경우에만 구제받았다. 볼이 잘못된 그린 바로 밖에 있고, 스탠스가 잘못된 그린에 걸릴 경우 그대로 쳐야 했다. 또 잘못된 그린에 올라간 볼을 구제받을 때 구제 기점도 그 그린 가장자리였다. 그래서 구제받은 후 스탠스가 잘못된 그린에 걸리는 경우가 많았고, 그 상태에서 플레이를 속개하곤 했다.

이제는 잘못된 그린에 볼이 올라가거나, 그러지 않더라도 잘못된 그린이 스탠스나 스윙구역에 방해가 될 경우에도 꼭 구제받아야 한다. 잘못된 그린을 밟은 채 스트로크하면 잘못된 장소에서 플레이한 것이 돼 일반 페널티를 받는다. 요컨대 잘못된 그린이 조금이라도 방해가 돼서는 안되고, 완전한 구제를 받아야 한다는 의미다.

플레이금지구역도 마찬가지다. 볼이 그곳에 있거나 스윙·스탠스 구역에 걸릴 경우 반드시 구제를 받아야 한다. 구제 안받고 그 안에서 플레이하면, 일반 페널티(스트로크플레이에서는 칠 때마다 2벌타가 부과됨)가 따른다.

페널티 없는 구제

한편 규칙에 따라 잘못된 그린이나 플레이금지구역에 드롭하는 것은 가능하다.

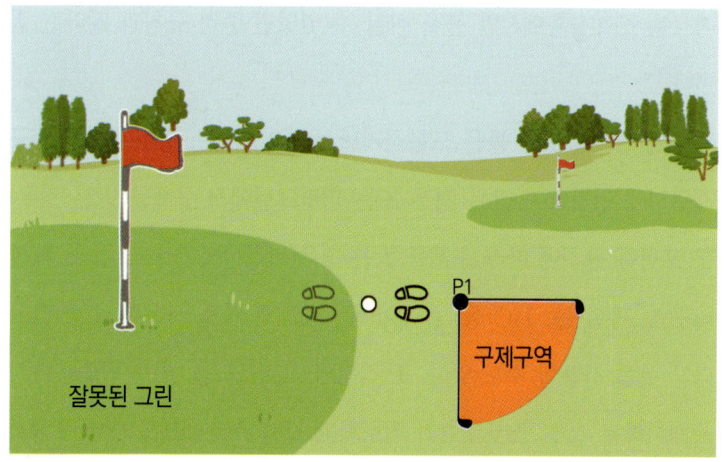

잘못된 그린이 스탠스나 스윙구역에 방해가 될 때에도 꼭 구제받아야 한다. 볼은 잘못된 그린 밖에 놓였어도 잘못된 그린을 밟은 채 그 볼을 스트로크하면 일반 페널티를 받는다.

47 구제를 받을 경우에는 언제든지, 매번 볼을 바꿀 수 있다

새 규칙에서는 플레이어가 홀에서 플레이 중인 볼 대신 다른 볼을 인플레이볼로서 교체하는 것을 허용하는 폭을 확대했다. 특히 규칙에 따라 구제를 받을 경우엔 볼을 바꿀 수 있도록 했는데, 이는 페널티가 따르는 구제상황에서만 볼을 바꿀 수 있었던 종전 규칙과 달라진 점이다.

구체적으로 보면 볼을 드롭하거나 플레이스하는 경우(예, 볼이 구제구역에 정지하지 않는 경우 또는 퍼팅그린에서 구제를 받는 경우)를 포함해 규칙에 따라 구제를 받는 경우(비정상적인 코스 상태, 페널티구역, 박힌 볼, TIO 등) 플레이어는 원래의 볼을 사용할 수도 있고 다른 볼을 사용할 수도 있다. 또 직전의 스트로크를 했던 곳에서 다시 플레이하는 경우, 스트로크가 취소되고 직전 스트로크를 했던 곳에서 다시 플레이하는 경우에도 플레이어는 원래의 볼을 사용할 수 있고, 다른 볼을 사용할 수도 있다. 요컨대 어떤 지점에 볼을 리플레이스하는 경우(예외는 있음)를 제외하고 모든 구제 상황에서는 다른 볼을 쓸 수 있게 된 것이다. 심지어 특정 상황에서 구제받고 드롭했는데 드롭 방법이 잘못되거나 볼이 구제구역을 벗어나 다시 드롭할 경우에도 볼을 바꿀 수 있다.

페널티 없는 구제

다만 '원 볼 룰' 로컬룰이 있는 경우에는 볼을 바꿔 구제받더라도 그 범위에서 해야 한다.

구제를 받을 경우에는 원래의 볼 대신 다른 볼로 바꿔 드롭할 수 있다. 심지어 두 번째 드롭할 때에 첫 번째 드롭 때의 볼을 사용하지 않고 다른 볼을 쓸 수 있다.

48 카트도로 구제시 새 볼로 드롭할 수 있다

종전엔 볼이 카트도로에 맞고 그 근처에 멈춰 구제를 받을 때 원래의 볼을 드롭해야 했다. 볼에 흠이 나있어도 어쩔 수 없었다(볼이 쪼개지거나 금이 가거나 변형된 경우는 예외). 그런데 새 규칙에서는 구제받을 때 볼을 바꿀 수 있도록 했다. 볼이 카트도로에 맞으면 볼에 흠집이 생길 수도 있는데, 흠집 여부와 관계 없이 새 볼로 드롭할 수 있게 된 것이다.

따라서 이처럼 구제받는 상황에서는 반드시 원래의 볼을 마크하고 집어올릴 필요가 없어졌다. 카트도로 근처에 있는 원래의 볼을 그대로 둔 채 새 볼로 구제구역 안에 드롭하면 된다. 원래의 볼을 그대로 두면 구제구역을 정하기 위한 기준점을 잡을 때에도 참고삼을 수 있겠다.

플레이어는 카트도로 구제시 새 볼로 드롭할 수 있다는 사실보다는 카트도로를 완전히 피한 곳에 드롭해야 한다는 사실에 더 주목해야 할 듯하다. 카트도로에 의한 구제를 받았는데도 발이 카트도로에 걸친 채 다음 스트로크를 하면 잘못된 장소에서 플레이한 것이 돼 일반 페널티를 받는다.

페널티 없는 구제

카트도로 구제시 플레이어는 원래의 볼 대신 새 볼로 드롭할 수 있다.
볼이 흠이 생겼다면 더더욱 그럴 일이다.

49 후방선 구제시 기준점보다 홀에 가까이 가면 원칙적으로 안된다

 페널티구역에 빠진 볼, 언플레이어블볼 처리, 벙커에서 비정상적인 코스 상태로 인한 벙커밖 구제 상황 등에서 플레이어는 후방선 구제 방법을 택할 수 있다.

 종전엔 후방선의 한 지점에 드롭한 볼이 홀쪽으로 굴러가서 멈춰도, 그 범위가 볼이 처음 지면에 떨어진 곳으로부터 두 클럽 길이 이내이면 인플레이볼이 됐다.

 그러나 새 규칙은 달라졌다. 드롭한 볼은 플레이어가 선정한 기준점으로부터 반경 한 클럽 길이내의 구제구역에 멈춰야 한다(구제구역에 두 가지 이상의 코스의 구역이 있는 경우 반드시 그 볼이 드롭될 때 처음 지면에 닿은 구역과 동일한 코스의 구역에 있는 구제구역에 정지해야 한다). 특히 기준점보다 홀에 더 가깝지 않아야 한다. 요컨대 기준점을 중심으로 홀에 가깝지 않은 쪽의 반원에 볼을 드롭하고 그 곳에 볼이 멈춰야한다. 플레이어가 정한 기준점보다 홀쪽으로 가깝게 굴러가 멈춘 볼을 칠 경우 잘못된 장소에서 플레이한 것이 돼 일반 페널티를 받는다.

 그런데 R&A와 USGA에서 이와 관련된 수정 사항을 발표했다. 후방선 구제구역에 드롭한 볼이 처음 지면에 닿은 곳으로부터 한 클럽 길이 내에 멈추면, 그곳이 기준점보다 홀에 가깝더라도 인플레이 볼로

페널티 없는 구제

할 수 있는 로컬룰을 정할 수 있다는 내용이다.

후방선 구제시 기준점보다 홀에 가까이 가면 원칙적으로 안된다. 종전과 달라진 점이므로 헛갈리지 않도록 하자. 다만 로컬룰이 있을 경우 기준점보다 홀에 가까운 지점에서 플레이할 수도 있으므로 로컬룰 유무를 잘 살펴야겠다.

50 볼마커를 옮겨달라는 요구를 거절하면 일반 페널티를 받는다

퍼팅그린에서 볼마커가 플레이에 도움이나 방해가 된다고 생각하면 옮겨달라고 할 수 있다. 그런데 그런 요구를 받고도 볼마커를 옮기지 않으면 페널티를 받을 수 있다.

새 규칙에는 '플레이어가 자신의 볼이나 볼마커를 집어올리거나 옮겨달라는 요구를 받고도 그렇게 하기를 거절하여, 다른 플레이어가 자신의 플레이에 도움이나 방해가 될 수도 있는 상황에서 어쩔 수 없이 그대로 스트로크를 한 경우 플레이어는 일반 페널티를 받는다'고 규정했다. 거절해서 될 일이 아니다. 집어올려달라고 요구하면 따를 일이다.

새 규칙에는 또 '다른 플레이어가 플레이에 도움이 되는 볼이나 볼마커를 집어올리거나 옮기려고 했거나 누군가에게 그렇게 해달라고 요구한 것을 플레이어가 인지했지만, 그 다른 플레이어나 누군가가 그렇게 하는 것을 기다리지 않고 그대로 스트로크한 경우에도 일반 페널티를 받는다'는 규정도 있다. 순리대로 하지 않고, 조급하게 처리해도 손해가 따른다. 종전 규칙에서는 실격을 부과했는데, 그나마 완화된 것이다.

앞의 거절 사례는 도움이나 방해가 되는 상황, 뒤의 조급 사례는 도움이 되는 상황이다.

페널티 없는 구제

볼마커를 옮겨달라는 요구를 거절하거나, 다른 플레이어가 볼마커를 옮겨달라는 요구를 받고 그 행동을 하기도 전에 스트로크를 하면 플레이어에게 일반 페널티가 부과된다.

그늘집 4

'탭-인' 거리 퍼트시 깃대를 반드시 제거한다

이제 깃대를 꽂은 상태에서 퍼트한 볼이 깃대를 맞아도 페널티가 없다. 플레이 속도를 높여보려는 의도는 충분히 이해한다. 그런데 변경된 이 규칙이 플레이어에게 뜻밖의 피해를 줘서는 안되지 않을까.

어프로치샷을 한 볼, 또는 그린에서 퍼트한 볼이 홀에 아주 가깝게 붙었다. 그냥 툭 쳐도 들어갈만한 거리, 흔히 '탭-인'(tap-in) 퍼트라고 부르는 수 인치의 짧은 거리다.

이때 △깃대를 제거하는 것이 귀찮아서 △홀에 들어가지 않은 것이 아쉬운 나머지 △시간을 절약하기 위한 의도로 깃대를 홀에 꽂아둔 채 퍼트하는 플레이어가 있겠다. 당연히 깃대를 제거한 후 퍼트하라고 말하고 싶다.

탭-인 거리의 퍼트는 실수할 여지가 없다. 성공 확률이 99%라고 해도 지나치지 않다.

그런데 깃대가 꽂혀있다면 얘기는 달라진다. 툭 친 볼이 깃대를 정통으로 맞고, 아니면 깃대를 빗맞고 퉁겨나올 가능성은 상존한다. 그 가능성이 1~2%로 아주 낮더라도 플레이어에게는 이만저만한 손해가 아닐 것이다. 더욱이 깃대가 볼쪽으로 심하게 기울어져 있을 때 깃대를 둔 상태로 퍼트하는 것은 실패를 부르는 길이다. 볼이 홀에 들어갈 공간이 충분치 않아지기 때문이다. 또 강풍으로 깃대가 이리저리 요동치는데도 깃대를 꽂아둔 채 퍼트하는 것은 볼을 튕겨낼 가능성을 높이는 일이다.

　탭-인 거리의 퍼트와는 달리 장·중·단거리 퍼트를 하거나 그린을 갓 벗어난 지점에서 짧은 칩샷을 할 때에는 깃대를 꽂아두는 편이 홀인원 확률이나 볼이 홀 근처에 머무를 확률이 훨씬 높은 것으로 나타났다. 이는 NASA(미국항공우주국) 과학자 출신의 쇼트게임 전문 교습가 데이브 펠츠가 실험을 통해 결론을 낸 것이다.

툭 쳐도 들어가는 '탭-인' 거리 퍼트시에는 깃대를 꼭 제거한 후 스트로크를 하는 것이 뜻밖의 실수를 막는 길이다. 그 반면 중·장거리 퍼트나 짧은 어프로치샷을 할 때에는 깃대를 꽂아두는 것이 더 낳은 결과를 낸다고 한다.

골프 게임의 기본을 배워라.
그리고 그것을 고수하라.
임시방편은 결코 오래가지 못한다.

Learn the fundamentals of the game
and stick to them.
Band-Aid remedies never last.

- 잭 니클로스(프로 골퍼)

제 5 장

장비

51 '클럽 길이'란?

새 규칙에서 '클럽 길이'라는 개념이 도입됐다. 이는 '플레이어가 라운드 동안 가지고 있는 14개(또는 그 미만)의 클럽 중 퍼터를 제외하고 가장 긴 클럽의 길이를 말한다.

예컨대 플레이어가 라운드 동안 지니고 있는 클럽(퍼터 제외) 가운데 가장 긴 클럽이 45인치(약 114.3cm) 길이의 드라이버인 경우, 그 라운드 동안 그 플레이어의 클럽 길이는 45인치다. 물론 두 클럽 길이는 90인치다(약 228.6cm). 퍼터를 제외한 것은, 퍼터의 길이는 상한선 제한이 없기 때문이다.

클럽 길이는 그 플레이어의 각 홀의 티잉구역을 규정하거나 규칙에 따른 구제를 받을 때 그 플레이어의 구제구역의 크기를 결정하는데 사용된다. 이에 따라 플레이어마다 티잉구역이나 구제구역의 크기가 조금씩 달라질 수 있다.

라운드 동안 가장 긴 클럽이 부러져도 그 클럽을 기준으로 클럽 길이가 정해진다. 다만 부러진 클럽을 다른 클럽으로 대체할 수 있는 경우에는 클럽 길이를 다시 정해야 한다. 14개 미만의 클럽을 지니고 라운드를 시작했다가 라운드 도중 클럽을 보충했다. 그런데 보충한 클럽이 가장 길 경우 그 클럽을 클럽 길이의 기준으로 삼아야 한다. 편을 짜서 하는 경기 방식(포섬·포볼 등)에서는 파트너들이 지닌 클럽 중

장비

가장 긴 클럽(퍼터 제외)이 그 편의 클럽 길이가 된다.

클럽(우드·아이언) 길이는 클럽을 수평면상에 가로로 놓고 헤드의 솔(sole)이 수평면에 대해 60도 각도를 이루는 상태에서 측정해 구한다. 클럽 길이는 두 평면(수평면과 솔 평면)의 교차점으로부터 그립 상단까지의 길이로 정한다. 클럽을 수직으로 세웠을 때 지면에 닿는 부분과 그립 상단까지의 길이보다 짧다. 더욱이 헤드커버를 덮은 상태로 클럽 길이를 측정하면 미세하나마 오차가 생길 수 있다는 것을 유념해야 한다.

클럽 길이는 클럽을 수평면상에 가로로 놓고 헤드의 솔이 수평면에 대해 60도 각도를 이루는 상태에서 측정해 구한다. 두 평면(수평면과 솔 평면)의 교차점(티를 꽂은 지점)으로부터 그립 상단까지의 거리가 그 클럽의 길이이다.

제5장 장비

52 라운드 중 손상된 클럽은 남은 '그 라운드'에서 사용할 수 있다

　종전엔 '공인-비공인 클럽'이라고 표현하던 것을 새 규칙에서는 '적합-부적합 클럽'이라고 표현한다.

　플레이어가 스트로크를 할 때 사용하는 클럽은 반드시 '적합한 클럽'(confirming clubs)이어야 한다. 새 클럽이든, 고의로 또는 우연히 그 성능이 변화된 클럽이든 그러하다. 다만 적합한 클럽이 정상적인 사용으로 인해 닳아서 그 성능이 변화된 경우라도 그 클럽은 여전히 규칙에 적합한 클럽이다.

　적합한 클럽이 라운드 동안(또는 플레이가 중단된 동안) 손상된 경우, 손상 내용이나 원인과 상관없이 그 라운드의 남은 부분을 플레이하는 동안 적합한 클럽으로 간주한다. 종전과 달리, 그 클럽을 계속 사용할 수 있다는 뜻이다. 라운드 중 퍼터를 구부린 플레이어가 아이언으로 퍼트하는 장면을 이제는 거의 볼 수 없을 지도 모른다. 물론 라운드 동안 손상된 클럽은 원래의 그립·샤프트·클럽헤드를 그대로 사용하고 플레이를 부당하게 지연시키지 않는다는 전제아래 수리할 수 있다.

장비

다만 그 손상된 클럽은 '그 라운드'에만 사용할 수 있지, 이어지는 '새로운 라운드'에서는 쓸 수 없다는 점에 주목해야 한다. 물론 부적합한 클럽을 소지만 하는 것은 가능하고, 그것은 클럽 개수의 한도에도 포함된다.

라운드 동안 손상된 클럽은 남은 그 라운드에서는 계속 사용할 수 있다. 물론 원래의 그립·샤프트·클럽헤드를 그대로 사용하고 플레이를 부당하게 지연시키지 않는다는 전제 아래 수리할 수도 있다.

53 플레이오프에 앞서 손상된 클럽 유무를 확인해야 한다

    스트로크플레이의 플레이오프는 새로운 라운드다. 따라서 라운드 동안 클럽이 손상돼 부적합하게 됐으면 그 클럽을 플레이오프에서는 사용할 수 없다. 한 번이라도 부적합한 클럽으로 스트로크하면 바로 실격이다.

    따라서 스트로크플레이의 플레이오프에 들어가는 플레이어들은 반드시 사전에 클럽을 점검해야 한다. 손상된 클럽이 있으면 플레이오프에 앞서 재빨리 다른 클럽으로 교체해두어야 한다. 이미 손상된 클럽은 플레이오프에서 수리도 할 수 없다. 사용하지 않고 그저 가지고 있을 수만 있다.

    매치플레이는 좀 다르다. 매치플레이에서는 마지막 홀이 끝난 후 매치가 비긴 경우, 그 매치는 승자가 결정될 때까지 한 번에 한 홀씩 연장된다. 매치플레이에서 연장된 매치는 새로운 라운드가 아니라, 라운드의 연속이다. 그래서 매치플레이에서는 라운드 중 손상된 클럽을 그대로 연장된 매치에서 사용할 수 있다. 물론 스트로크플레이 플레이오프와 달리, 그 손상된 클럽을 연장된 매치에 앞서 다른 클럽으로 교체할 수 없다(로컬룰이 있거나 플레이어가 손상시킨 것이 아닌 경우의 제한적인 예외 상황에서는 교체 가능).

장비

스트로크플레이의 플레이오프 때에는 클럽의 손상 유무를 사전에 확인해야 한다. 라운드 동안 손상돼 부적합하게 된 클럽으로 스트로크하면 실격이다. 베른하르트 랑거가 플레이오프를 치르기 위해 이동하고 있다.

54. 라운드 중 손상된 클럽도 교체할 수 있는 길이 열렸다

적합한 클럽이 라운드 동안 또는 플레이가 중단된 동안 손상된 경우, 플레이어는 원칙적으로 그것을 다른 클럽으로 교체해서는 안된다. 손상된 클럽은 교체는 안되고 손상된 상태로 계속 스트로크를 하든가, 제한된 범위에서 수리해 쓸 수만 있다.

수리는 원래의 그립과 샤프트, 클럽헤드를 그대로 사용하면서 손상되기 전의 상태와 가능한 한 가장 가까운 상태가 되도록 할 수 있다. 수리는 플레이어가 하든, 다른 사람이 하든 상관없으나 플레이어가 이 과정에서 플레이를 부당하게 지연시켜서는 안된다. 또 그 라운드 전부터 손상돼 있던 부분은 수리할 수 없다. 따라서 그 라운드에서 손상된 클럽을 바로 이어지는 플레이오프(스트로크플레이)에서 수리하거나 사용할 수 없다.

손상된 클럽을 교체할 수 있는 길은 두 가지다. 첫째, 로컬룰로써 '부러지거나 심하게 손상된 클럽'을 교체할 수 있도록 허용한 경우다. 둘째, 라운드 동안 외부의 영향이나 자연의 힘, 또는 다른 누군가(플레이어와 그 캐디는 제외)에 의해 손상된 경우다.

단, 두 경우에도 플레이를 지연시켜서는 안되고, 그 코스에서 플레이 중인 다른 플레이어의 클럽을 추가하거나 빌려서는 안되며, 다른 사람이 그 플레이어를 위해 가져온 부품으로 클럽을 조립해서도 안된다.

장비

라운드 중 플레이어에 의해 손상된 클럽이라도 로컬룰이 허용하면 교체할 수 있게 됐다.

55 라운드 중 클럽의 성능을 고의로 변화시켰어도 스트로크전 원상복구하면 '노 페널티'

플레이어는 라운드 동안(플레이가 중단된 동안 포함) 다음과 같이 고의로 성능을 변화시킨 클럽으로 스트로크를 해서는 안된다.

첫째 조정 가능한 부품을 사용하여 클럽을 변화시켰거나 물리적으로 클럽을 변화시킨 경우(손상된 클럽을 규칙에 따라 수리하는 것은 예외).

둘째 스트로크를 할 때 클럽헤드의 작용에 영향을 미치기 위해 클럽헤드에 어떤 물질(세척용 물질은 제외)을 발라 변화시킨 경우.

이상은 종전 규칙에서도 적용된 것으로, 종전엔 그런(정규라운드 중 클럽의 성능을 조절하거나 다른 방법에 의해 고의로 변경한) 클럽을 휴대만 해도 엄한 페널티가 부과됐다.

새 규칙에서 달라진 것은 이를 스트로크 전에 원상복구했을 때 페널티를 면제한 점이다. 새 규칙은 '조정가능한 부품을 사용해 클럽의 성능을 변화시켰으나 그 클럽으로 스트로크를 하기 전에 그 부품을 다시 조정하여 원래의 위치와 가능한 한 가장 가까운 위치로 되돌려 놓은 경우에는 페널티가 없으며 스트로크를 하는데 그 클럽을 사용할 수 있다'고 규정했다.

장비

한편 고의로 성능을 변화시킨 클럽으로 스트로크하면 실격이다. 그런 클럽을 가지고 있기만 할 경우에는 페널티가 없으나, 클럽의 개수 한도에는 해당된다.

라운드 중 클럽의 성능을 고의로 변화시켰어도 그 클럽으로 스트로크하기 전에 원상복구하면 페널티가 없다. 물론 원상복구한 클럽은 사용할 수 있다.

56 변형된 볼은 볼 교체 사유가 아니다

종전 규칙에서는 부적합한 볼을 세 가지로 분류했다. 갈라지거나 (cut), 금이 가거나(cracked), 변형된(out of shape) 경우다.

새 규칙에서는 갈라지거나 금이 간 경우만 볼을 교체할 수 있도록 하고, 변형된 볼은 그대로 사용하도록 규정했다. 변형된 볼은 적합한 것으로 간주한다. 볼 제조기술의 발달로 플레이 중 볼이 변형되는 일이 거의 없다고 보고, 교체할 수 없게끔 개정한 것으로 보인다.

따라서 플레이어들은 볼이 완전한 구형(球形)에서 벗어나 타원형이나 찌그러진 형태가 되더라도 그대로 사용해야 한다. 또 단지 긁히거나 흠이 나거나 칠이 벗겨지거나 변색된 볼도 그대로 사용해야 한다. 흠이 나거나 긁힌 것만으로는 볼을 교체할 수 없다.

플레이어들은 자신의 볼이 홀을 플레이하는 동안 갈라지거나 금이 갔다고 합리적으로 믿는 경우 그 볼을 확인하기 위해 집어올릴 수 있다. 다만 집어올리기 전에는 반드시 그 볼의 지점을 마크해야 하고, 집어올린 볼을 닦아서는 안된다(퍼팅그린에서는 예외). 원래의 볼이 갈라지거나 금이 갔고 그것이 플레이 중인 홀에서 일어난 일임을 분명하게 알 수 있는 경우에 한해 플레이어는 다른 볼로 교체할 수 있다.

장비

'플레이 중인 홀'이라는 표현에 주목할 필요가 있다. 전(前) 홀에서 갈라지거나 금이 간 볼을 현재 홀에서 플레이 도중 뒤늦게 발견할 경우 교체할 수 없다.

변형된 볼은 교체할 수 없다. 갈라지거나 금이 간 볼만 교체할 수 있는데, 그것도 플레이 중인 홀에서 일어났을 때에만 가능하다.

57 겨울철에 핫팩에 데운 볼을 사용하면 곧바로 실격이다

종전 규칙이나 새 규칙이나 공히 플레이어는 적합한 볼을 사용해야 한다고 규정한다. 다만 종전 규칙은 '플레이어가 플레이하는 볼은 그 성능을 변경할 목적으로 이물질을 볼에 부착해서는 안된다'고 뭉뚱그려 표현했지만, 새 규칙은 '플레이는 긁어서 흠을 내거나 가열하거나 어떤 물질(세척용 물질은 제외)을 바른 볼처럼 그 성능을 고의로 변화시킨 볼에 스트로크를 해서는 안된다'고 구체적으로 명기했다.

이 가운데 특히 '가열'에 주목할 필요가 있다. 종전 규칙재정에서도 정규라운드 중 인공의 기기로 일부러 따뜻하게 한 볼을 사용하는 것은 규칙위반이라고 못을 박아두었다. 다만 첫 번째 위반시 2벌타, 계속되는 위반시 실격이었다.

그러나 새 규칙에서는 라운드 중 가열된 볼을 사용하는 즉시 실격의 벌을 가한다. 겨울철 핫팩과 볼을 한 주머니에 넣었다가 꺼내 사용하다가는 큰 코 다칠 수 있다. 볼 보온기, 수온기 또는 그와 같은 어느 기기로 일부러 따뜻하게 한 볼을 사용해도 안된다. 다만 라운드 전에 따뜻하게 해둔 볼을 라운드 때 사용하는 것은 괜찮다.

장비

요컨대 핫팩은 손이나 몸을 따뜻하게 하는 용도로만 사용하는 것이 안전하겠다.

핫팩·수온기 등으로 몸을 따뜻하게 할 수는 있으나, 라운드 중 그같은 것으로 일부러 따뜻하게 한 볼을 사용하면 곧바로 실격이다. 겨울철에 조심할 일이다.

58 거리측정기 사용시에도 '요주의'

    종전 규칙에서는 로컬룰로 허용할 경우에만 거리측정기(DMDs)를 사용할 수 있었다. 2019년부터는 골프 규칙으로써 거리측정기 사용을 허용했다. 단, 프로골프대회나 오픈대회 등에서는 거리측정기 사용을 금지하는 로컬룰을 둘 것이 확실시된다.

    거리측정기 사용이 허용됐다고 하여 마음을 놓아서는 안된다. 시판되는 거리측정기의 대부분은 거리 외에 고도 변화나 경사도 등을 측정할 수 있는 기능이 딸려있기 때문이다. 골프규칙에서 허용하는 거리측정기는 오로지 거리만 측정하는데 써야지, 고도 변화나 경사도 측정에 쓰면 첫 번째 위반시 일반 페널티가, 두 번째 위반시 실격이 따른다.

    문제는 거리측정기를 사용하는 행태에 달려있다. 거리측정기를 사용할 때 고도 변화나 경사도를 측정하는 기능을 켜놓으면 규칙위반이다. 거리측정 외의 기능을 켜놓은 채 첫 홀에서 티샷할 때 거리측정기를 사용하고, 세컨드샷할 때 거리측정기를 사용하면 곧바로 실격된다. 라운드 직전에 거리측정 기능만 켜(on)놓고, 나머지 기능은 꺼(off)놓는 것이 뜻밖의 불행한 사태를 막는 길이다.

장비

거리측정기를 사용할 때 고도 변화나 경사도를 측정하는 기능을 켜놓으면 규칙 위반이다. 거리측정기 사용이 허용됐지만, 실제 사용시에는 로컬룰도 잘 봐야 하고, 그 기능도 세심하게 살펴야 한다.

59 '얼라인먼트 스틱'은 라운드 중 스트레칭 용으로만 써야 한다

플레이어, 특히 선수들은 대부분 골프백에 '얼라인먼트 스틱(로드)'을 한 두 개쯤 넣고 다닌다. 주로 연습할 때 쓰기 위한 것인데, 가벼워서 그런지 연습이 끝난 후에도 그대로 클럽과 함께 골프백에 보관하곤 한다.

얼라인먼트 스틱은 라운드 중 스트레칭 용으로만 사용해야 한다. 이 스틱을 두 어깨에 걸치고 스트레칭을 하는 것은 무방하다. 그 반면 이 스틱을 연습 스윙에 사용하거나, 스트로크를 준비하거나 실행하는데 도움이 되는 잠재적인 이익을 만들어내는 방법으로 사용하는 경우 규칙위반이 된다. 스트로크를 준비하거나 실행하는 예로는 스윙 플레인, 그립, 정렬, 볼의 위치, 자세 등을 들 수 있다.

요컨대 얼라인먼트 스틱은 어깨에 걸친 채 스트레칭을 하는 데까지는 허용된다. 그러나 그것으로 스윙 플레인을 체크해보거나, 클럽을 잡듯 그립을 하거나, 지면에 놓고 플레이 선 정렬의 보조기구로 쓰거나, 스윙 자세 등을 잡는데 사용하면 곧바로 일반 페널티가 따르므로 주의해야 한다. 얼라인먼트 스틱을 홀과 홀 사이에서 스트레칭 이외의 용도로 사용할 경우 페널티는 다음홀에 적용된다. 매치플레이에선 다음 홀의 패가 되며, 스트로크플레이에선 다음홀 티샷이 3타째가 된다.

장비

라운드 중 얼라인먼트 스틱은 어깨에 걸친 채 스트레칭을 하는 데까지는 허용된다.
이 스틱을 연습 스윙에 사용하거나, 스트로크를 준비하거나 실행하는데 도움이 되는 잠재적인 이익을 만들어내는 방법으로 사용하면 규칙위반이 된다.

그늘집 5

퍼팅그린에서 볼마크는
항상 캐디 몫으로 두는게 어떨지…

퍼팅그린에서 캐디는 플레이어의 위임없이도 플레이어의 볼의 지점을 마크하고 그 볼을 집어올리고 리플레이스할 수 있다.

어프로치샷한 볼이 그린에 올랐다. 볼은 홀에서 멀리 떨어져 있고 플레이 선의 브레이크도 까다롭다. 더욱 플레이어가 맨 먼저 퍼트할 차례다. 플레이어로서는 라인을 살피고 볼 스피드를 가늠하기에도 촉박한 상황이다.

이런 경우 캐디에게 볼을 마크하고 집어올려 닦아달라고 하면 어떨까. 플레이어가 괜찮다면 캐디에게 리플레이스까지 하도록 할 수도 있다. 물론 리플레이스할 때 플레이어만의 독특한 방식이 있다면, 그 방식을 미리 자신의 캐디에게 말해두면 될 듯하다.

이렇게 하면 플레이어는 스트로크하기까지 시간을 세이브할 수 있고, 그만큼 스트로크에 집중할 수 있지 않을까.

퍼팅그린에서 일련의 루틴을 캐디에게 맡기는 이런 행태는 두 명(또는 서 너 명)의 플레이어가 한 명의 캐디를 공유할 때 더욱 필요하다. 캐디는 홀에서 먼 곳에 있는 볼(또는 스트로크할 준비가 된 플레이어의 볼)부터 차례대로 '마크하고 집어들어 닦은 후 리플레이스하는' 연결동작을 한 번에 해버리면, 여러 플레이어를 왕래하면서 낭비하는 시간을 줄여 플레이 속도를 향상할 수 있겠다.

또 몸이 불편해 상체나 허리를 구부렸다가 펴는 일이 쉽지 않은 플레이어들에게는 이런 행태가 더욱 도움을 줄 것이다.

다만 이 과정에서 주의해야 할 것이 있다. 캐디가 집어올린 볼을 플레이어가 리플레이스하는 것은 상관없으나, 플레이어가 집어올린 볼을 캐디가 리플레이스하면 페널티가 따른다는 점이다.

퍼팅그린에서 플레이어와 캐디의 역할을 미리 분담해두면 플레이어는 더 여유있게 퍼트 준비를 할 수 있지 않을까. 특히 볼마크는 캐디에게 맡기는 것이 어떨지….

두어 시간의 연습은
대충대충하는 열 번의 라운드와 같은 가치가 있다.

A couple of hours of practice is
worth ten sloppy rounds.

- 베이브 디드릭슨 자하리아스(프로 골퍼)

제 6 장

볼 움직임

60 볼을 발견하거나 확인하는 과정에서 우연히 볼을 움직여도 페널티가 없다

볼이 깊은 러프에 빠졌다. 종전엔 플레이어와 캐디 뿐 아니라, 동반 플레이어가 그들의 캐디까지 동원해 볼을 찾곤 했다. 그 과정에서 플레이어나 캐디가 볼을 밟거나 움직이면 플레이어에게 1벌타가 따랐다. 이러다 보니 당사자인 플레이어와 그 캐디는 다소 소극적으로 찾을 수밖에 없었다. 그러나 이제는 플레이어의 볼을 발견하거나 확인하는 과정에서 플레이어나 상대방 또는 다른 누군가에 의해 그 볼이 우연히 움직일 경우 페널티가 없다.

다만 볼이 움직일 경우 그 볼을 원래의 지점에 리플레이스해야 한다. 원래의 지점을 정확히 모르면 그 지점을 추정해야 한다. 특히 원래의 볼이 모래에 덮여 있었던 경우 반드시 원래의 라이를 만들어놓고 그 볼을 그 라이에 리플레이스해야 한다. 그렇지 않은 채 스트로크하면 잘못된 장소에서 플레이한 것이 돼 일반 페널티를 받는다. 볼이 모래에 완전히 덮여 있었던 경우에는 볼의 일부만 보이도록 해놓을 수는 있다.

볼 움직임

볼을 찾는 도중이 아닌, 볼이 있을 것으로 예상되는 지점으로 가는 도중 자신의 볼을 움직일 경우(우연일지라도)에는 페널티가 따른다는 점을 유의해야 한다. 예컨대 티샷이 나무를 정통으로 맞고 티잉구역쪽으로 30m정도 후진했는데, 그 사실을 모른 채 볼이 정지해 있을 것으로 생각하는 곳으로 이동하던 중 무심결에 자신의 볼을 발로 차면 페널티를 피할 수 없다. 1벌타 후 리플레이스해야 한다.

볼을 발견하거나 확인하는 과정에서 플레이어나 그 캐디가 우연히 볼을 움직여도 페널티가 없다. 이제 플레이어는 더 적극적인 자세로 볼을 찾을 수 있게 됐다

61 움직인 볼의 원래 위치를 모를 경우에도 리플레이스해야 한다

플레이어나 상대방(매치플레이) 또는 외부의 영향(스트로크플레이에서 다른 플레이어나 다른 볼 포함)이 플레이어의 볼을 움직였을 경우 그 볼은 반드시 원래의 지점에 리플레이스해야 한다. 특히 원래의 지점을 알 수 없는 경우에도 반드시 추정해서 리플레이스해야 한다.

종전 규칙에서는 볼을 찾던 도중 볼이 움직였는데 원래의 위치를 모를 경우 추정 지점과 되도록 가까운 곳에 드롭하도록 돼있었으나 새 규칙에서는 반드시 추정지점에 리플레이스하도록 바뀌었다. 드롭에서 리플레이스로 바뀐 것은 큰 변화다. 이 때 원칙적으로 볼 교체는 허용되지 않는다.

이같은 상황에서 볼을 최대한 원래의 지점에 가까운 곳에 놓는다는 원칙에 입각한다면 드롭과 리플레이스의 차이는 작지 않다.종전엔 드롭할 경우 볼은 원래의 지점에서 최대 두 클럽 길이까지 벗어날 수도 있었다. 또 드롭을 하게 되면 원래 볼이 있던 곳의 라이보다 좋아질 수도, 나빠질 수도 있었다. 예컨대 러프에 있던 볼이 페어웨이로 나갈 수 있고, 라이가 비교적 좋은 곳에 있던 볼을 긴 풀속에서 플레이할 수도 있었다.

볼 움직임

이제 리플레이스하면 볼이 원래 있던 곳으로 그대로 되돌아가야 하므로 플레이어의 볼이 처음 정지해있던 곳과 최대한 비슷한 라이를 가질 수 있게 된다.

볼을 찾던 도중 볼이 움직였으나 원래의 위치를 모를 경우 이제는 추정지점에 꼭 리플레이스해야 한다. 드롭에서 리플레이스로 바뀜으로써 플레이어는 볼이 처음 정지해있던 곳과 최대한 비슷한 라이를 가질 수 있게 됐다.

62 볼 움직임은 확실하게 포착됐을 경우에만 움직인 것으로 간주된다

플레이어의 정지한 볼이 움직인 것을 알고 있거나 사실상 확실한 경우에 한해, 그 볼은 움직인 것으로 간주한다.

그 볼이 움직였을 수도 있으나 그것을 알고 있거나 사실상 확실하지 않은 경우, 그 볼은 움직인 것으로 간주되지 않는다. 볼이 움직였다면 그 원인에 따라 페널티 여부가 결정되며, 볼은 반드시 리플레이스해야 한다. 볼이 움직이지 않았다면 반드시 놓인 그대로 플레이해야 한다.

플레이어 본인은 느끼지 못하는 볼 움직임을 비디오를 통해 확인한 결과 육안으로는 움직임 여부가 식별되지 않을 경우 그 볼은 움직이지 않은 것으로 간주된다. 기계보다는 플레이어의 직감이나 판단을 존중한다는 취지다.

또 볼 움직임 여부에 대해 의견이 갈릴 경우 적어도 95%의 확실성이 있어야 볼이 움직인 것으로 처리할 수 있다.

한편 볼이 페널티구역에 들어갔는지 여부를 판단할 때에도 이 '95% 룰'이 적용된다.

볼 움직임

볼 움직임 여부를 판단할 때에도 '95% 룰'이 적용된다.
또 기계보다는 육안 기준이 우선한다.

63 볼이 움직였다면 그 원인은 네 가지 중 하나다

플레이어의 정지한 볼이 움직인 경우 그 원인을 파악해야 리플레이스와 페널티 여부를 정할 수 있다.

스트로크를 하기 전에 플레이어의 정지한 볼을 움직이게 할 수 있는 원인으로 규칙에서 규정하는 것은 네 가지 뿐이다. 바람·물과 같은 자연의 힘, 플레이어와 플레이어의 캐디, 매치플레이에서 상대방과 상대방의 캐디, 스트로크플레이에서 다른 모든 플레이어를 포함한 외부의 영향이 그것이다.

플레이어나 상대방 또는 외부의 영향이 플레이어의 정지한 볼을 움직이게 한 것을 알고 있거나, 사실상 확실한 경우(확률 95% 이상)에 한해, 그것은 그 볼을 움직이게 한 원인으로 간주된다. 물론 원인이 특정되면 그에따라 페널티 여부가 결정된다(플레이어나 상대방이 고의로 볼을 움직였을 경우 1벌타가 따른다). 외부의 영향이 볼을 움직인 경우라도, 원래 볼 위치를 모르더라도 볼은 드롭하는 것이 아니라 리플레이스해야 한다.

볼 움직임

이 세 가지 중 적어도 하나가 그 원인이었다는 것을 알고 있거나 사실상 확실하지 않은 경우, 그 볼은 자연의 힘에 의해 움직인 것으로 간주된다. 자연의 힘이 플레이어의 정지한 볼을 움직인 경우 페널티는 없으며, 그 볼은 반드시 그 새로운 지점에서 플레이해야 한다. 단, 퍼팅그린에서는 리플레이스한 볼이 자연의 힘에 의해 움직일 경우에는 그 볼을 원래 지점에 갖다놓아야 한다.

정지한 볼이 움직일 경우 그 원인을 파악하는 것이 급선무다. 그래야 리플레이스와 페널티 여부를 정할 수 있기 때문이다.

64 움직이고 있는 볼이 우연히 플레이어나 캐디·장비를 맞혀도 페널티가 없다

플레이어의 움직이고 있는 볼이 우연히 플레이어 자신을 맞힌 경우 종전엔 1벌타가 따랐다. 2003년 마스터스 골프토너먼트 4라운드 때 제프 매거트가 벙커샷을 한 볼이 자신의 몸에 맞아 페널티를 받은 해프닝은 유명하다.

그런데 새 규칙에서는 이와 관련한 페널티 조항을 없앴다. 플레이어의 움직이고 있는 볼이 우연히 사람이나 외부의 영향을 맞힌 경우 어떤 플레이어에게도 페널티는 없다. 한 걸음 더 나아가 그 볼이 플레이어나 상대방, 다른 플레이어, 플레이어들의 캐디, 장비를 맞힌 경우에도 페널티가 따르지 않는다. 이 경우 원칙적으로 그 볼은 반드시 놓인 그대로 플레이해야 한다. 종전에는 매치플레이에서 움직이고 있는 볼이 우연히 상대방을 맞힌 경우 그 스트로크를 취소하고 다시 칠 수도 있었으나 그 규정도 삭제됐다.

다만 예외는 있다. 스트로크플레이에서 퍼팅그린에서 볼을 플레이한 경우다. 요컨대 플레이어가 퍼팅그린에서 스트로크를 한 후 움직이는 볼이 그 퍼팅그린에 정지해있던 다른 플레이어의 볼을 맞힌 경우 플레이어는 2벌타를 받는다.

볼 움직임

플레이어가 친 볼이 우연히 플레이어 자신을 맞힌 경우 종전엔 1벌타가 따랐으나 지금은 페널티가 없다. 2003년 마스터스 골프토너먼트 4라운드에서 제프 매거트는 벙커샷을 한 볼이 자신의 몸에 맞아 페널티를 받았다.

65 퍼팅그린에서 우연히 볼을 움직인 경우 '노 페널티'

　종전에는 코스에서 플레이어(또는 상대방)가 우연히 플레이어의 볼을 움직일 경우 1벌타가 따랐다(예외 있음). 다만 최근 2년간(2017년 1월1일~2018년12월31일)은 퍼팅그린에서 우연히 볼을 움직인 경우에는 로컬룰로 페널티를 면제한 후 리플레이스하도록 했다.

　2019년부터는 새 골프 규칙으로 플레이어(또는 상대방)가 퍼팅그린에 있는 플레이어의 볼을 우연히 움직이게 한 경우에는 페널티가 없다고 명문화했다. 볼의 움직임 여부와 볼을 움직인 원인이 명확하게 드러나지 않는 경우가 많아 판정하는데 어려움이 따랐기 때문이다.

　이제 퍼트를 앞두고 그린에서 왕래하거나, 연습 스윙을 하거나, 클럽헤드를 볼 뒤에 갖다대는 도중 등에 우연히 볼을 움직여도 벌타를 받지 않으며 움직인 볼은 리플레이스하면 된다. 심지어 다른 플레이어나 매치플레이에서 상대방이 플레이어의 볼(또는 볼마커)을 우연히 집어올리거나 움직인 경우에도 플레이어가 우연히 움직인 것과 마찬가지의 조치를 취하면 된다.

볼 움직임

다만 스트로크 후 움직이고 있는 볼을 건드리거나, 고의로 자신의 볼을 그린 밖으로 쳐내는 행동 등에는 여전히 페널티가 따른다. 또 퍼팅그린 이외 지역에서는 볼을 움직이면 역시 페널티(예외 있음)가 부과된다는 점을 유념해야 한다.

새 규칙은 퍼팅그린에서 우연히 볼을 움직인 경우 '노 페널티'를 명문화했다.
이로써 플레이어는 프리-퍼트 루틴을 할 때 볼 움직임에 대한 신경을 덜 쓰게 됐다.

66 다른 볼이 움직이고 있는 도중이라도 퍼팅그린에 정지한 볼을 집어올릴 수 있다

　새 규칙은 움직이고 있는 볼에 영향을 미치기 위해 고의로 물체를 움직이거나 상태를 변경하는 것에 대한 규정을 뒀다.

　요컨대 볼(플레이어 자신의 볼이든 다른 플레이어의 볼이든)이 움직이고 있는 동안 플레이어는 그 볼이 정지할 수도 있는 곳에 영향을 미치기 위해 고의로 물리적 상태를 변경하거나, 루스임페디먼트나 움직일 수 있는 장해물을 집어올리거나 움직이는 행동을 해서는 안된다. 위반시 일반 페널티가 따른다.

　그러나 예외는 있다. 다른 볼이 움직이고 있는 동안이라도, 퍼팅그린에 정지한 플레이어의 볼을 마크하고 집어올리거나 움직일 수 있다. 종전엔 '다른 볼이 움직이고 있을 때 그 볼의 움직임에 영향을 미칠지도 모르는 볼은 집어올려서는 안된다'는 것이었으나 지금은 집어올릴 수 있도록 바뀐 것이다. 예컨대 퍼팅그린에 올라간 볼을 그대로 두었는데, 다른 플레이어가 퍼팅그린에서 스트로크한 볼이 플레이어의 볼을 맞힐 가능성이 있을 때(스트로크플레이에서 맞히면 다른 플레이어에게 2벌타가 주어짐) 플레이어나 그 캐디는 얼른 마크하고 볼을 집어들 수 있다. 그러더라도 플레이어나 다른 플레이어에게 페널티가 부과되지 않는다.

볼 움직임

퍼팅그린에 정지한 볼 뿐만 아니라 홀에서 제거해 지면에 놓아둔 깃대, 모든 플레이어의 장비(헤드 커버 등)도 집어올리거나 움직일 수 있다.

다른 볼이 움직이고 있는 도중에 퍼팅그린에 정지한 볼을 집어올려도 상관없다. 이에따라 퍼팅그린에서 스트로크한 플레이어에게 부과될 수도 있는 페널티 가능성이 줄어들었다.

제6장 볼 움직임 167

67 볼이 움직이고 있을 때 컨시드를 주면?

매치플레이에서 스트로크에 대한 컨시드는 '상대방이 다음 스트로크를 하기 전'에는 언제든지 할 수 있다. 그러면 상대방은 플레이어가 컨시드한 스트로크를 포함한 스코어로 홀을 끝낸 것이 되고, 누구든 그 볼을 치울 수 있다.

그런데 상대방의 볼이 직전 스트로크 후 움직이고 있는 동안 플레이어가 컨시드를 외치면 어떻게 될까? 종전 규칙에서는 이에 대한 명확한 규정이 없었다.

새 규칙에서는 이를 명문화했다. '상대방의 볼이 직전 스트로크 후 움직이고 있는 동안 플레이어가 컨시드를 주었으나 그 볼이 홀에 들어가지 않은 경우, 그 컨시드는 상대방의 다음 스트로크에 적용된다. 그 볼이 홀에 들어간 경우는 컨시드가 문제되지 않는다'고 규정했다.

예컨대 상대방이 2m 거리의 버디 퍼트를 한 볼이 홀을 향해 굴러가고 있을 때 플레이어가 '컨시드'를 외쳤다고 하자. 그 버디 퍼트가 홀에 들어가면 상대방은 컨시드와 상관없이 당연히 버디를 기록한다. 그러나 버디 퍼트를 실패할 경우, 남은 거리가 1m가 됐든 30cm가 됐든, 다음 파퍼트는 컨시드(홀에 들어간 것)로 처리된다는 얘기다.

스트로크 컨시드는 스트로크를 하기 전에 주어야 한다는 것을 기억해야 한다.

볼 움직임

볼이 움직이고 있을 때 컨시드를 주면 그 컨시드는 상대방의 다음 스트로크에 적용된다. 물론 그 볼이 홀에 들어가면 컨시드는 의미가 없어진다.

그늘집 6

이왕이면 구제구역 안에 서서 드롭하는 것이 어떨까

올바르게 드롭하는 방법은 세 가지다. 반드시 플레이어가 드롭하고, 반드시 무릎 높이에서 드롭해야 하며, 반드시 구제구역에 볼을 드롭해야 한다는 것이다.

마지막 조건인 반드시 구제구역에 볼을 드롭할 때, 플레이어는 구제구역 안에 서서 그 구제구역에 볼을 드롭할 수도 있고, 구제구역 밖에 서서 그 구제구역에 볼을 드롭할 수 있다.

기준점으로부터 한 클럽 길이 이내 또는 두 클럽 길이 이내에 형성된 구제구역 안의 라이가 고루 좋다면 어디에 서서 드롭하든 큰 상관은 없겠다. 그런데 하필 구제구역 안에 디봇자국이 있거나, 잔디가 듬성듬성한 지역이 있거나, 라이가 좋지 않은 곳이 있다면 구제구역 안에 서서 드롭하는 편이 낫다. 그런 곳들을 밟은 채 드롭하면 볼이 그런 곳으로 굴러가는 일을 원천봉쇄할 수 있기 때문이다.

새 규칙은 드롭한 볼이 지면에 닿기 전에 사람이나 장비·외부의 영향을 맞힌 경우 다시 드롭해야 한다고 했으나, 드롭한 볼이 지면에 닿은 후 정지하기 전에 우연히 사람이나 장비·외부의 영향을 맞힌 경우에는 누구에게도 페널티가 없고 볼은 놓인 그대로 플레이해야 한다고 규정했다. 라이가 좋지 않은 곳을 밟고 선 채로 드롭했는데, 볼이 지면에 닿은 후 굴러 플레이어의 발에 맞고 구제구역에 멈춰도 완전한 구제를 받은 것이다. 만약 발을 떼었을 때 볼이 움직이면 리플레이스하면 된다.

위원회에서 설정하는 드롭존도 구제구역이다. 드롭존에는 여느 일반구역보다 더 많은 디봇자국이 있을 수 있다. 따라서 드롭존에서 드롭할 때에는 꼭 드롭존 안에 두 발로 서서 라이가 좋은 곳에 드롭하는 것을 습관화하는 것이 어떨까.

다만 이런 일련의 행동에 고의성이 있으면 페널티가 따를 수도 있겠다.

드롭시에는 구제구역 안에 두 발을 디딘 채, 라이가 좋은 곳에 하는 것이 어떨까

골프는 정삼각형의 운동이다.

(하체가 단단하게 버텨주면서 몸의 중심이 아래에 있어야 하며,
플레이할 땐 머리를 비우는 것이 좋다는 뜻)

- 김미현(프로 골퍼)

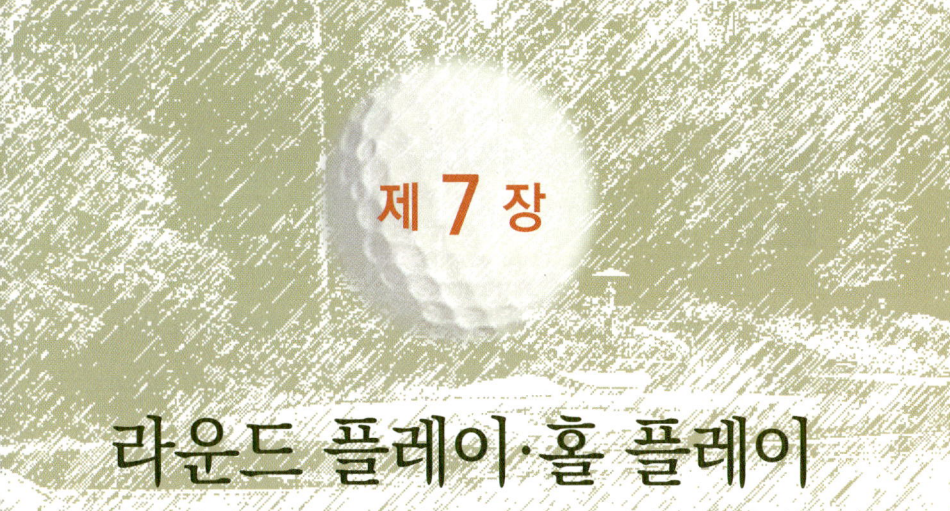

제 7 장

라운드 플레이·홀 플레이

68 '레디 골프'를 허용하고 권장한다

골프 경기에서 플레이어들은 일정한 순서에 따라 플레이해야 한다. 그런데 새 규칙에서는 스트로크플레이의 경우 안전을 확보한 상태에서 순서와 상관없이 플레이하는 '준비된 골프'(ready golf)를 허용하고 권장한다.

예컨대 △둘 이상의 플레이어들이 편의상 또는 시간을 절약하기 위해 합의하는 경우 △순서를 바꿔 플레이해도 다른 플레이어를 위험에 빠뜨리거나 산만하게 하거나 방해하지 않는 한 어떤 플레이어가 플레이할 순서가 된 다른 플레이어보다 먼저 플레이할 준비를 마치고 플레이할 수 있는 경우 △플레이어의 볼이 홀에 매우 가깝게 정지해 그 플레이어가 먼저 홀아웃하기를 원하는 경우 등이다. 플레이어들이 흔히 말하듯 '준비된 사수'부터 치는 것이 가능해진 것이다.

매치플레이에서도 시간을 절약하기 위해 플레이어는 상대방에게 순서를 바꿔 플레이하자고 제안할 수 있고, 순서를 바꿔 플레이하자는 상대방의 요청을 받아들일 수 있다. 다만 상대방이 플레이어의 제안대로 순서를 바꿔 스트로크를 한 경우 플레이어는 그 스트로크를 취소할 권리를 포기한 것이 된다.

라운드 플레이·홀 플레이

새 규칙은 스트로크플레이에서 순서와 상관없이 플레이하는 '준비된 골프'를 허용하고 권장한다. 순서가 중요시되는 매치플레이에서도 플레이어와 상대방은 순서에 대해 제안하고 요청할 수 있다. 다 플레이 속도를 높여보자는 취지다.

69. '마지막 홀 퍼팅그린을 떠나기 전에'가 '스코어카드를 제출하기 전에'로 시한이 늦춰진 다섯 가지 경우

스트로크플레이에서는 플레이어가 매홀 홀아웃을 해야 한다(스테이블포드·맥시멈스코어·파/보기 방식은 예외). 홀아웃하지 않은 경우 다른 홀을 시작하는 스트로크를 하기 전에, 라운드의 마지막 홀이라면 스코어카드를 제출하기 전에 그 잘못을 시정하지 않으면 실격이다.

스트로크플레이에서 티잉구역 밖에서 플레이했을 때, 잘못된 볼에 스트로크를 했을 때, 잘못된 장소에서 플레이한 것이 중대한 위반이었을 때, 그리고 스트로크플레이 방식의 포섬에서 편의 플레이 순서가 잘못됐을 때에도 각각의 잘못을 바로잡을 수 있는 시한은 마찬가지로 적용된다.

종전에는 '라운드의 마지막 홀이라면 퍼팅 그린을 떠나기 전에' 시정해야 한다고 돼있으나, 새 규칙에서는 '라운드의 마지막 홀이라면 스코어카드를 제출하기 전에'로 바뀌었다. 마지막 홀 퍼팅그린에서 스코어카드 접수처까지의 거리만큼 플레이어에게 여유가 생겼다. 그 거리만큼 더 생각해볼 수 있는 기회가 있는 셈이다.

플레이어가 마지막 홀에서 홀아웃하지 않은 사실을 그 홀 퍼팅그린을 떠날 때까지는 몰랐으나 스코어카드를 제출하기 전에 알아차렸을 경우 퍼팅그린으로 되돌아가 홀아웃하면 실격을 막을 수 있게 된 것이다. 물론 그 잘못을 바로잡지 않은 경우 플레이어는 실격이 된다.

라운드 플레이·홀 플레이

앞으로 플레이어가 스코어링 에어리어에서 스코어카드를 제출하려 다말고, 마커와 함께 마지막 홀로 헐레벌떡 돌아가 다시 플레이하는 해프닝을 볼 수 있을 듯하다.

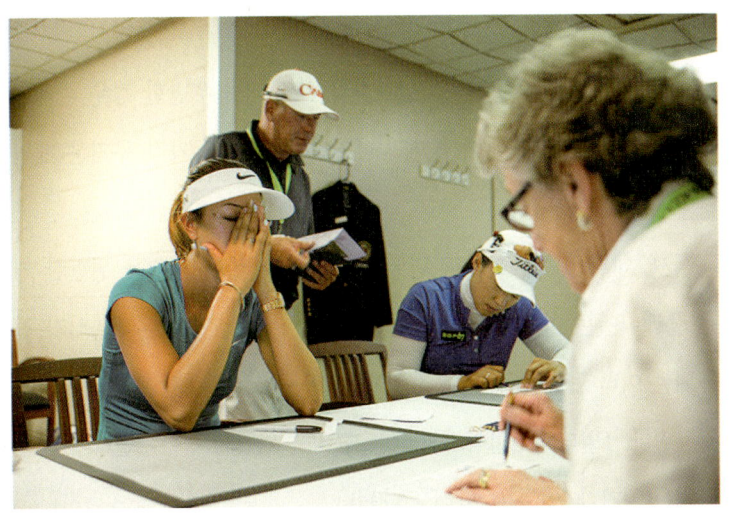

스트로크플레이의 마지막 홀에서 중대한 잘못을 했을 경우 스코어카드를 제출하기 전에 바로잡으면 실격을 면할 수 있다. 플레이어에게 시정할 기회가 조금 더 주어졌다.

70　여러 번의 규칙 위반에 대한 페널티 적용은?

플레이어가 위반과 위반 사이에 어떤 행동(스트로크, 위반 사실 인지)을 하기 전에 여러 규칙을 위반하거나 동일한 규칙을 여러 번 위반한 경우 적용되는 페널티는 종전보다 단순하게 정리됐다. 종전엔 재정으로 여섯 가지 경우에 관해 규정했는데, 새 규칙에서는 네 가지 경우로 축약했다.

첫째, 관련되지 않은 행동으로 여러 번 규칙을 위반한 경우 플레이어는 각각의 위반에 대해 별개의 페널티를 받는다. 가장 무거운 페널티다.

둘째, 하나의 행동이나 관련된 행동으로 여러 번 규칙을 위반한 경우 플레이어는 하나의 페널티만 받는다. 다만 각기 다른 페널티가 적용되는 여러 규칙을 위반한 경우에는 그 중 더 높은 단계의 페널티가 적용된다. 1벌타와 2벌타가 따르는 규칙을 위반할 경우 2벌타가 적용된다는 얘기다. 이는 세 갈래로 나뉜다.

● 하나의 행동이나 관련된 행동으로 위반시 1벌타가 부과되는 절차상의 요구(마크하기·집어올리기·닦기·드롭하기·리플레이스하기·플레이스하기) 중 두 가지 이상을 위반한 경우(예를 들어 마크하지 않고 볼을 집어올리고 닦는 것이 허용되지 않을 때 닦은 경우) 플레이어는 총 1벌타를 받는다.

라운드 플레이·홀 플레이

플레이어가 여러 가지 규칙을 위반하거나 동일한 규칙을 여러 번 위반한 경우 적용되는 페널티는 종전보다 단순하게 정리됐다. 새 규칙에서는 네 가지 경우로 축약했다.

- 스트로크플레이에서 잘못 교체한 볼을 잘못된 장소에서 플레이할 경우 플레이어는 총 2벌타를 받는다.

- 스트로크플레이에서 하나의 행동이나 관련된 행동으로 위반시 1벌타가 부과되는 절차상 요구 가운데 한 가지 이상을 위반하고, 잘못 교체한 볼을 플레이하는 것을 금지하는 규칙과 잘못된 장소에서 플레이하는 것을 금지하는 규칙 모두 또는 그 중 하나를 위반한 경우, 플레이어는 총 2벌타만 받으면 된다.

예컨대 플레이어가 볼을 움직인 후 리플레이스하지 않고 새로운 장소에서 스트로크한 경우 볼 움직임과 잘못된 장소에서 플레이한 것을 관련된 행동으로 보아 일반 페널티를 부과한다.

71 플레이 중단시 라이가 변경된 경우의 선택 사항들

위원회의 지시, 매치플레이에서 합의로, 낙뢰 때문에 플레이가 중단돼 원래의 볼을 집어올린 후 리플레이스하기 전에 라이가 변경될 수 있다.

이때는 첫째 반드시 원래의 볼이나 다른 볼을 원래의 지점에 리플레이스해야 한다. 그 지점을 알 수 없는 경우에는 반드시 추정해야 한다. 이를테면 볼이 원래 모래속에 있었다면 모래속으로 되돌려놓아야 한다. 다만 플레이가 중단된 동안 코스 관리자가 와서 모래를 정리해 놓았을 경우(개선시) 볼을 원래의 상태로 놓는 대신 정리된 모래 위에 리플레이스하면 된다.

둘째 원래의 볼을 집어올린 후 리플레이스하기 전에 그 볼의 라이나 스트로크에 영향을 미치는 상태가 악화된 경우엔 그것을 복구할 수도 있고, 복구해서는 안되는 때도 있다. 외부의 영향(동물·갤러리 등)으로 악화된 경우에는 레프리와 상의해 원상복구를 할 수 있다. 그 반면 플레이어 자신이나 자연의 힘(비·바람 등)으로 악화된 경우에는 악화된 상태를 받아들여야 한다. 플레이어에게 플레이가 중단될 당시의 스트로크에 영향을 미치는 상태를 그대로 받아야할 권리가 주어지지 않는다.

라운드 플레이·홀 플레이

플레이가 중단된 동안 라이가 변경됐을 경우 첫째 원칙은 볼을 원래의 지점에 리플레이스해야 한다는 것이다. 라이가 악화된 경우 상황에 따라 복구할 수도 있고, 복구해서는 안되는 때도 있다.

72 스트로크플레이라도 그날 자신의 마지막 라운드를 끝낸 후에는 그 코스에서 연습할 수 있다

종전 규칙은 '2라운드 이상 스트로크플레이 경기가 연일 있을 때 플레이어는 라운드와 라운드 사이에 아직 남은 경기가 있을 코스에서 연습을 해서는 안된다'고 돼있다. 위반시 실격이다. 요컨대 스트로크플레이에서는 라운드와 라운드 사이에 경기가 열리는 코스에서 연습하는 것을 일절 허용하지 않았다.

그러나 새 규칙에서는 '플레이어가 그날의 자신의 마지막 라운드를 끝낸 후에는 그 코스에서 연습을 할 수 있다'로 달라졌다. 예를 들면 나흘동안 하루에 한 라운드씩, 4라운드가 치러진다고 하자. 플레이어는 첫날 1라운드를 다 마친 후 그 코스에 들어가 연습을 할 수 있다는 얘기다. 2,3라운드 후에도 마찬가지다. 이는 대회 코스에서 연습라운드를 못하고 대회에 나선 플레이어, 커트 후 3라운드에서 다소 여유가 있을 때 코스에서 더 연습하고자 하는 플레이어들에게 도움이 될 듯하다. 그러나 오픈대회에서는 로컬룰로 이를 금지할 수 있으니 잘 살펴야한다.

다만 그날 자신의 마지막 라운드를 마친 후라야 한다. 한 날 36홀 라운드가 예정돼 있는 플레이어가 18홀 라운드 후 그 코스에서 연습하는 것은 허용되지 않는다. 또 매치플레이 진출자를 가리기 위한 예선(스트로크플레이)을 마친 선수가 별 생각없이 그 코스에서 연습했

라운드 플레이·홀 플레이

는데, 예선에서 최하위 동률이 돼 나중에 한 명을 뽑기 위한 연장전을 그 코스에서 치러야 할 상황이 닥칠 경우 페널티를 감수해야 한다. 이를테면 그날 연장에 앞서 그 코스에서 연습이 금지되는데 이를 첫 번째 위반시(예, 스트로크 등) 연장 첫 홀에서 일반 페널티를 받고, 두 번째 위반시(예, 또다른 스트로크나 퍼팅그린에서 볼 굴리기 등)엔 곧 실격당한다.

이제 스트로크플레이라도 그날 자신의 마지막 라운드를 끝낸 후에는 그 코스에서 연습할 수 있다. 그러나 규칙에 명문화됐지만, 로컬룰로 이를 금지하는 대회도 있을 것이므로 잘 살펴야 한다.

73 티잉구역에서 헛친 후 볼이 땅에 떨어져도 다시 티업하고 칠 수 있다

　인플레이볼이 티잉구역에 그대로 놓인 경우 플레이어의 선택폭이 확대됐다.

　종전엔 티업한 볼에 스트로크를 했으나 클럽이 볼을 제대로 맞히지 못하고 볼만 티에서 땅에 떨어질 경우 다음 플레이는 볼이 멈춘 상태로 해야 했다. 그러나 새 규칙에서는 땅에 떨어진 볼을 그대로 플레이하거나, 티잉구역의 다른 곳(지면)으로 옮겨 놓고 플레이하거나, 다시 티업(티높이 조절도 가능)하고 플레이할 수 있다. 다만 이 경우 헛친 것에 대한 1타는 스코어로 산입된다.

　이는 새 규칙 조항 '플레이어의 인플레이볼이 스트로크 후(예, 스트로크를 했으나 볼을 맞히지 못하여 그 볼이 티 위에 그대로 있는 경우) 또는 구제를 받은 후에도 그 티잉구역에 있는 경우 플레이어는 페널티 없이 그 볼을 집어 올리거나 움직일 수 있고, 그 볼을 놓인 그대로 플레이할 수도 있으며, 그 볼이나 다른 볼을 그 티잉구역 어디에서든 티에 올려놓거나 지면에 내려놓고 플레이할 수 있다'에 따른 것이다.

라운드 플레이·홀 플레이

티샷을 헛친 후 볼이 땅에 떨어졌을 경우 종전엔 볼이 멈춘 상태로 다음 플레이를 해야 했다. 이제는 티잉구역에서는 벌타없이 볼을 집어들어 다시 티업하고 칠 수 있다.

74 1번홀에서 플레이할 때 2~18번홀 그린은 '일반구역'이다

플레이어가 1번홀에서 플레이할 때 그 밖의 홀(2~18번홀)의 그린은 어떻게 간주될까?

우선 1번홀은 퍼팅그린으로 부른다. 그리고 2~18번홀 그린은 종전 규칙에서는 '다른 퍼팅 그린'이라고 했지만, 현행 규칙으로는 '잘못된 그린'(Wrong Green)이라고 일컫는다. 플레이어가 플레이 중인 홀이 아닌 홀의 그린은 아예 일반구역으로 분류된다는 얘기다(티잉구역을 제외한, 코스상의 다른 모든 티잉 장소도 마찬가지로 일반구역임).

퍼팅그린과 일반구역은 차이가 있다. 이를테면 플레이어는 라운드 동안 방금 끝난 홀의 퍼팅그린을 제외하고, 나머지 홀 그린에서는 퍼팅·치핑 연습을 할 수 없다. 지금 막 2번홀에서 홀아웃했다면, 플레이를 부당하게 지연시키지 않는 한 2번홀 퍼팅그린이나 그 근처(벙커 제외)에서 퍼팅 연습이나 치핑 연습을 해도 상관없다. 그러나 그와 인접한 다른 홀의 그린이나 그린 주변에서는 퍼팅·치핑 연습을 할 수 없다.

모래와 흙은 퍼팅그린에서만 제거할 수 있다. 한 홀에 그린이 두 개(예컨대 A와 B) 있는 코스가 더러 있다. A가 퍼팅그린이고 B는 잘못된 그린이다. 플레이어의 볼이 B그린 뒤에 멈췄다. 퍼팅그린으로 짧은 어프로치샷을 해야 하는데, B그린에 있는 모래가 눈에 거슬린다. 이때

B그린은 퍼팅그린이 아니고, 일반구역이기 때문에 플레이어는 스트로크하기 전에 B그린에 있는 모래를 치울 수 없다. 치우면 일반 페널티가 따른다.

다만 잘못된 그린은 일반구역이지만, 볼이 그곳에 있거나 그곳이 스탠스·스윙에 방해가 될 경우 꼭 구제받아야 한다.

플레이 중인 홀의 그린만 퍼팅그린이고, 그 밖의 홀의 그린은 일반구역으로 간주된다. 퍼팅그린과 일반구역은 규칙적용이 달라지므로 유념해야 한다.

75 퍼팅그린에서는 도움·방해되는 볼 모두, 퍼팅그린 이외의 곳에서는 방해되는 볼만 집어올려달라고 요구할 수 있다

다른 플레이어나 상대방의 볼이 플레이어의 플레이에 도움이나 방해가 되는 수가 있다. 이 경우 종전 규칙에서는 코스 어디에서나 원조·방해 상황이 발생한 때에 마크하고 볼을 집어올려달라고 요구할 수 있었다.

새 규칙에서는 퍼팅그린에서는 도움·방해 두 가지 상황 모두 집어올려달라고 할 수 있으나, 퍼팅그린 밖에서는 방해가 될 경우에만 집어올려달라고 요구할 수 있도록 규정했다. 예컨대 페어웨이나 러프, 벙커 등지에서는 다른 플레이어의 볼이 플레이어에게 도움 요소로 작용하더라도 집어올려달라고 할 수 없다. 퍼팅그린 밖에서는 또 플레이어 스스로 자신의 볼이 다른 플레이어의 플레이에 방해가 된다고 단정 짓고 볼을 집어올릴 수 없다.

퍼팅그린에서는 다른 볼이 도움이나 방해가 될 경우 모두 집어올려달라고 할 수 있다. 특히 그 볼이 자신 말고, 누군가의 플레이에 도움이 될 수도 있다고 합리적으로 믿는 경우에도 그 볼을 집어올려달라고 할 수 있다.

라운드 플레이·홀 플레이

퍼팅그린에서는 도움이나 방해가 되는 볼 모두 집어올려달라고 요구할 수 있다. 그 볼이 자신 말고, 누군가의 플레이에 도움이 될 수도 있다고 합리적으로 믿는 경우에도 집어올려달라고 할 수 있다. 퍼팅그린 이외의 곳에서는 방해되는 볼만 집어올려달라고 요구할 수 있다.

그늘집 7

'레디 골프'에서 '굿 샷'은 천천히 그리고
작은 소리로 외쳐도 충분히 그 뜻이 전달된다

플레이어들은 라운드 동안 다른 플레이어가 좋은 샷을 날렸을 때 '굿 샷'을 외치곤 한다. 그런데 다른 플레이어를 칭찬하고 배려하기 위해 외치는 이 말이 또다른 플레이어에게는 방해가 될 수도 있다.

A B C 세 명이 함께 라운드를 한다. A와 B의 티샷이 방향은 좀 달랐으나 비슷한 거리에 멈췄다. 홀까지 누가 더 먼지 얼핏 보아서는 알 수 없는 상황이다. A와 B는 각자 준비자세를 마치고 스트로크를 했는데 A가 조금 빨랐다. A의 샷이 목표를 향해 똑바로 날아가자 C는 큰 소리로 "굿 샷!"을 외쳤다. 그런데 그 바로 뒤에 스트로크를 하던 B는 '굿 샷' 소리를 듣고 흠칫 놀라 제스윙을 하지 못하고 말았다. B는 실망한 표정을 지었고, 이내 그 상황을 간파한 C도 B에게 미안함을 표시할 수밖에 없었다.

라운드 중 가끔 맞닥뜨리는 상황이다. 다른 플레이어를 배려하고 존중하는 의미에서 외친 말이 또다른 플레이어에게는 방해가 될 수 있는 사례다.

새 규칙에서는 준비된 플레이어부터 스트로크할 수 있는 '레디 골프'가 권장된다. 볼 위치에 상관없이 준비된 플레이어부터 스트로크를 하는 것을 자주 볼 수 있을 듯하다. 레디 골프가 일반화할수록 위 사례와 같은 '칭찬의 역설'이 나올 가능성이 높다. 다른 플레이어의 샷을 칭찬해줄 요량이라면, 또다른 플레이어가 샷을 하는지 잘 살핀 후, 시차를 두고 좀 작은 소리로 하는 것이 경륜있는 골퍼의 매너가 아닐까.

'굿 샷'은 작은 소리로, 그리고 좀 나중에 외쳐도 된다. '레디 골프'에서 앞뒤 살피지 않고 성급하게 큰 소리를 냈다가는 의외의 피해를 줄 수 있다.

하루 플레이가 안될 땐 잊어버려라.
그 다음 번에도 플레이가 안되면 기본을 점검하라.
연달아 세 번째에도 플레이가 안되면
당신을 가르친 전문가를 찾아가라.

If you play poorly one day, forget it.
If you play poorly the next time out,
review your fundamentals.
If you play poorly for a third time in a row,
see your professional.

- 하비 페닉(교습가)

제 8 장

도움·어드바이스·캐디

76 어드바이스가 될만한 정보를 얻기 위해 다른 플레이어의 클럽이나 골프백을 만지면 안된다

플레이어는 라운드 동안 자신의 캐디나 파트너, 파트너의 캐디 이외의 어느 누구에게도 어드바이스를 요청해서는 안된다. 플레이어는 기본적으로 스스로 자신의 플레이를 위한 전략과 전술을 세워야 하기 때문이다.

그런 의미에서 플레이어는 다른 플레이어와 주고받을 경우에 어드바이스가 될만한 정보를 얻기 위해 그 플레이어의 장비를 만져서는 안된다. 이를테면 다른 플레이어가 어떤 클럽을 사용하고 있는지 보기 위해 그 플레이어의 클럽이나 골프백을 만지면 페널티가 따른다는 얘기다. 물론 클럽을 덮고 있는 커버나 타월같은 것을 들추는 것도 허용되지 않는다. 이는 종전 규칙과 크게 달라지지 않았다. 표현만 '만지다'(touch)로 바뀌었을 뿐이다.

다만 다른 플레이어의 골프백을 그냥 쳐다보기만 하는 것은 상관없다.

도움·어드바이스·캐디

다른 플레이어의 클럽이나 골프백을 함부로 만지면 어드바이스가 될만한 정보를 얻기 위해 그런다는 오해를 받을 수 있다. 클럽을 덮고 있는 커버나 타월같은 것을 들추는 것도 허용되지 않는다.

77 플레이어가 실제 스트로크를 위한 스탠스를 취한 후에는 원칙적으로 캐디의 '뒤봐주기'를 받을 수 없다

종전엔 캐디가 플레이어 뒤에 서서 플레이 선 정렬을 도와준 후 백스윙 시작 전에 빠져나오는 일이 잦았다. 캐디가 플레이 선의 볼 후방에 서있는 상태에서 플레이어가 스트로크하면 플레이어에게 2벌타(매치플레이에서는 홀패)가 부과됐기 때문이다.

새 규칙(10.2b(4))에선 캐디의 '위치 제한'(이른바 뒤봐주기)이 더 강화되는 쪽으로 발표됐으나, 발효 한 달여만에 수정되는 곡절이 있었다.

당초엔 '플레이어가 스트로크를 위한 스탠스를 취하기 시작하고 그 스트로크를 할 때까지 플레이어의 캐디는 어떤 이유로든 고의로 플레이어의 플레이 선 볼 후방으로의 연장선이나 그 선 가까이에 있어서는 안된다. 이 규칙을 위반해 스탠스를 취한 경우, 플레이어는 그 스탠스에서 물러나더라도 페널티를 면할 수 없다'고 돼있었다. 플레이어가 스탠스를 취하는 시점 이후에 캐디가 플레이 선 뒤나 플레이 선 가까이에 있으면 안된다는 얘기다. 목표에 대한 정렬은 플레이어 몫이고, 캐디가 그렇게 하는데 따른 플레이 지연을 막아보자는 취지다. 다만 볼이 퍼팅그린에 있는 경우 플레이어가 그러한 스탠스를 풀고, 캐디가 그 위치에서 벗어날 때까지 다시 스탠스를 취하지 않은 경우에는 페널티가 없다고 예외규정을 뒀다.

도움·어드바이스·캐디

그런데 2019년초 열린 유러피언투어 두바이 데저트클래식과 미국PGA투어 피닉스오픈에서 이 규칙이 서로 다르게 적용됐다. 한 선수는 2벌타를 받았고, 다른 선수는 '노 페널티'로 수정됐다. 논란이 되자 R&A와 USGA는 2월6일 이 규칙을 완화·적용한다고 발표했다. 골자는 스탠스를 취하는 시점의 의미와 캐디 행위에 대한 고의성 규정이다.

먼저 스탠스는 그 동작을 한 후 실제 스트로크를 했을 때만 취한 것으로 본다. 스트로크로 이어지지 않고, 중간에 물러나면 스탠스를 취한 것으로 보지 않는다. 또 퍼팅그린 뿐만 아니라 코스 어디에서나 캐디가 플레이 선 볼 후방 연장선에 있는 것을 인지할 경우 스탠스를 풀 수 있도록 했다. 이로써 10.2b(4)의 두 번째 조항과 예외 조항은 무의미해졌다. 코스 어디에서든 플레이어가 스탠스를 취하고 캐디가 그 후방에 서 있어도 플레이어가 스탠스로부터 물러나면 페널티가 없게 됐다.

다음 캐디의 행동에 고의성을 적용하는 기준을 강화했다. 플레이어가 스탠스를 취한다는 사실을 알고, 플레이 선의 볼 후방으로의 연장선이나 그 선 가까이에 있다는 것을 캐디 자신이 알고 있을 때만 고의라는 말이 성립된다. 둘 중 하나라도 몰랐다면 고의가 아니

도움·어드바이스·캐디

라 우연으로 간주되므로 페널티가 없다. 캐디의 행동이 고의가 아닌 사례는 이렇다. 벙커 고르기 등 코스를 보호하기 위한 행동을 하느라, 거리 측정 등 다른 일을 하느라 자신의 위치를 몰랐거나 어프로치샷을 홀옆에 붙인 플레이어가 곧바로 홀아웃하려는 사실을 몰랐을 때, 스탠스를 취하려는 플레이어와 시선이 엇갈린 상태에서 캐디는 플레이 선 후방에 서있고 플레이어는 스탠스를 취한 경우 등이다. 또 스윙구역이나 카트도로 방해 체크, 스트로크전 우산받쳐주기 등은 플레이어의 셋업과는 무관한 행동이므로 고의가 아니며, 플레이어가 스트로크하기 전에 물러나면 상관없다.

요약하면 코스 어디에서든 플레이어가 스탠스를 취했더라도 캐디가 뒤에 있는 것을 보고 스탠스로부터 물러나거나, 선수가 스탠스를 취한 후 스트로크하기 전까지 캐디가 우연히 뒤에 서있으면 '노 페널티'다.

다만 플레이어나 캐디가 이 규칙의 본래 목적을 회피하려고 하는 행동은 고의로 간주해 페널티가 부과된다.

도움·어드바이스·캐디

왼쪽 그림은 플레이 선 후방이 아니므로 상관없지만, 오른쪽 그림은 페널티가 부과되는 행동이다. 그런데 2019년 초반 몇몇 대회에서 이에 대한 논란이 일자 R&A와 USGA는 이 규정을 완화하는 쪽으로 수정해 발표했다.

78 플레이어의 위임을 받은 경우에만 할 수 있는 캐디의 행동

라운드 동안과 플레이가 중단된 동안 캐디가 한 행동에 대한 책임은 플레이어에게 있다. 따라서 캐디가 할 수 있는 행동에는 제한이 따른다. 특히 새 규칙에서는 플레이어의 위임을 받은 경우에 한해 캐디가 할 수 있는 행동을 명시했다. 이때 위임은 한 라운드를 통틀어 한 번에 하는 것이 아니라, 반드시 경우마다 특정하여 건건이 해야 한다.

캐디는 플레이어가 특정해 위임할 경우 첫째 플레이어의 볼이 정지한 후 악화된 상태를 복구할 수 있다. 둘째 플레이어의 볼이 퍼팅그린 밖에 있는 경우, 규칙에 따라 반드시 그 볼을 리플레이스해야 할 때 또는 플레이어가 규칙에 따라 구제를 받기로 결정했을 때 그 볼을 집어올릴 수 있다. 단, 플레이어가 규칙에 따라 구제를 받는 것이 분명해 보일 경우에는 캐디가 볼을 집어올리는 행위를 플레이어가 위임한 것으로 간주한다(물론 그렇게 해도 무벌타임).

한편 예외가 있다. 플레이어의 볼이 퍼팅그린에 있을 때, 플레이어의 캐디는 플레이어가 위임하지 않아도 그 볼을 집어올릴 수 있다.

도움·어드바이스·캐디

플레이어의 위임을 받아야만 할 수 있는 캐디의 행동은 두 가지로 요약된다. 볼이 정지한 후 악화된 상태를 복구하는 것과 퍼팅그린 밖에서 리플레이스하거나 구제받기 전에 그 볼을 집어올리는 것이다.

79 캐디에게 허용되지 않는 행동은 크게 다섯 가지다

캐디에게 허용되지 않은 행동은 다섯 가지로 대별된다. 이 가운데 둘째 사항(플레이어의 뒤에 서기)은 새 규칙에서 신설된 것이고, 나머지 네 가지는 종전 규칙에서도 적용된 사항이다.

첫째 상대방에게 다음 스트로크나 홀 또는 매치를 컨시드하거나 상대방과 매치 스코어에 합의하기.

둘째 플레이어가 스트로크를 위한 스탠스를 취하기 시작하여 그 스트로크를 할 때까지 고의로 플레이어의 플레이 선의 볼 후방 연장선이나 그 선 가까이에 서있거나 그 밖의 금지된 행동.

셋째 캐디 자신이 집어올리거나 움직이지 않은 볼을 리플레이스하기.

넷째 구제구역에 볼을 드롭하거나 플레이스하기.

다섯째 규칙에 따라 구제를 받을 것인지 결정하기. 이는 언플레이어블볼로 처리하거나 비정상적인 상태로부터 구제받는 경우 캐디가 플레이어에게 구제를 받을 것을 어드바이스할 수는 있지만 그 결정은 반드시 플레이어 자신이 해야 한다는 뜻이다.

도움·어드바이스·캐디

캐디에게 허용되지 않는 행동은 크게 다섯 가지다. 위치 제한을 빼고는, 주로 캐디의 오지랖넓은 행동에 대한 제한들이다.

80 스탠스를 취하는데 도움이 되는 물체를 놓아둬서는 안된다

플레이어는 플레이 선을 나타내기 위해 클럽을 지면에 내려놓는 경우처럼, 자신의 발이나 몸으로 방향을 잡는데 도움이 되도록 플레이어 자신이나 다른 사람이 놓아둔 물체를 이용하여 스트로크를 위한 스탠스를 취해서는 안된다. 요컨대 스탠스를 취하는데 물체의 도움을 받으면 안된다는 것이다.

이 규칙을 위반하여 스탠스를 취한 경우 플레이어가 그 스탠스에서 물러나거나 그 물체를 치우더라도 일반 페널티를 면할 수 없다. 퍼팅 그린에서 캐디의 위치 제한과는 다르므로, 각별한 주의를 해야 한다. 종전 규칙에서는 플레이어가 스트로크하기 전에 그 물체를 치우면 허용되는 행동이었으나 이제는 안된다.

이 규칙이 바뀐 이유는 분명하다. '몸·발을 정렬해 스탠스를 취하는 일은 항상 플레이어 자신의 몫이다. 그것은 플레이어에게 반드시 필요한 스킬이며, 어떤 형태로도 도움을 받을 수 없는 것이다.'

도움·어드바이스·캐디

스탠스를 취하는데 도움이 되는 물체를 놓아둔 상태에서 스탠스를 취한 경우 플레이어가 그 스탠스에서 물러나거나 그 물체를 치우더라도 일반 페널티를 면할 수 없다. 오해받을 일은 처음부터 안하는 것이 상책이다.

그늘집 8

페널티구역과 일반구역의 경계로 볼이 날아갈 경우 프로비저널볼을 치고 나가는 것이 현명하다

　도그레그-레프트인 파4홀의 페어웨이 왼편에 대형 페널티구역이 자리잡고 있다. 볼을 퍼팅그린에 더 가까이 보내고자 하는 플레이어들은 드라이버샷을 페널티구역을 넘기는 모험을 감행하곤 한다. 볼이 페널티구역을 넘어가면 다행이지만, 볼이 페널티구역에 빠지거나 긴 풀이 자라는 페널티구역 경계에 떨어지는 일도 있다.

　볼이 페널티구역을 넘어 페어웨이에서 바운스되는 것이 보였거나, 볼이 페널티구역의 물에 빠지는 것을 확인한 경우에는 각각 그에 따른 처리를 하면 된다.

　페널티구역과 일반구역 사이에 볼이 떨어졌을 때에는 신중해질 필요가 있다. 이 경우엔 볼이 페널티구역에 들어갈 수도 있고, 풀속에 들어가 찾을 수 없을 때도 있다. 이땐 프로비저널볼을 치고 나가는 것이 바람직하다. 프로비저널볼을 친 후 앞으로 나가 볼을 확인한다. 볼이 발견되면 그에 따라 후속 조치(페널티구역 구제, 인플레이볼, 언플레이어블볼 처리 등)를 취하면 된다. 볼이 페널티구역에 들어갔다는 것이 입증되지 않은 상태에서 볼이 발견되지 않으면 분실 처리를 해야 한다. 그땐 프로비저널볼로 인플레이를 하면 된다.

　대회에서는 이런 경우 페널티구역 경계에 포어캐디를 배치한다. 대개 포어캐디는 볼이 페널티구역에 들어갔는지, 안들어갔는지에 대해

프로비저널볼을 치는 것은 플레이어의 권리다. 모호한 상황에서 프로비저널볼을 안치고 나갔다가 손해를 보느니, 번거롭더라도 프로비저널볼을 치고 나가는 것이 예상 밖의 사태를 막는 길이다.

서만 깃발로 신호를 보낸다. 예컨대 볼이 페널티구역 끝부분의 물없는 곳에 멈춰도 볼이 페널티구역에 들어갔다는 신호를 보낸다. 티잉구역에 있는 플레이어가 이 깃발 신호를 보고 자신의 볼이 페널티구역에 들어간 것으로 판단한 후 티잉구역에서 다른 볼을 플레이하면 그것은 스트로크와 거리 구제를 받은 것이 된다. 3타째가 되고, 그 볼은 곧 인플레이볼이 된다.

한편 플레이어는 아쉬운 나머지 원래의 볼을 확인하러 페널티구역으로 간다. 가서 보니 볼이 페널티구역 안에 있으나 칠 수 있는 상태였다. 그러나 그 볼은 플레이에서 배제됐기 때문에 이미 때는 늦었다. 포어캐디를 탓해도 소용없다.

스윙하면서 세 가지를 생각하면 플레이가 형편없고,
두 가지를 생각하면 파를 할 기회가 있으며,
한 가지만 생각하면 이길 수 있다.

When I think about three things during my swing
I'm playing poorly;
when I think about two things,
I have a chance to shoot par;
when I think of only one thing,
I could win the tournament.

- 보비 존스(영원한 아마추어 골퍼)

제 9 장

페널티구역

81. 페널티구역에서도 플레이하기 전에 클럽을 지면이나 수면에 대고, 연습스윙하면서 잔디를 파내도 된다

새 규칙이 종전 규칙과 확연히 달라진 부분은 페널티구역과 관련한 내용일 것이다. 명칭부터 워터 해저드에서 페널티구역으로 바뀌었다.

그것 뿐 아니다. 플레이어의 볼이 페널티구역에 있는 경우 플레이어는 일반구역에 있는 볼에 적용되는 규칙과 동일한 규칙을 적용하면 된다. '일반구역에서 할 수 있는 것은 페널티구역에서도 할 수 있다'고 생각해도 좋다.

물론 페널티구역에 있는 볼을 놓인 그대로 플레이할 수도 있고, 페널티 구제를 받고 페널티구역 밖에서 플레이할 수도 있다. 또 페널티구역에서는 비정상적인 코스 상태나 박힌 볼 구제를 받을 수 없고, 언플레이어블볼 처리를 할 수 없다는 점은 종전과 같다.

이제 페널티구역에서는 플레이하기 전에 클럽을 볼 뒤에 살짝 놓을 수 있다. 볼 옆에 있는 루스 임페디먼트를 제거할 수도 있다. 연습스윙을 하면서 클럽이 지면이나 수면을 스쳐도, 잔디를 파내도 아무런 페널티가 따르지 않는다. 스트로크에 영향을 미치는 상태만 개선하지 않으면 된다.

페널티 구역

페널티구역에서 볼을 플레이하는 방법을 제한하는 특정한 규칙은 없어졌기 때문에 플레이어들은 페널티구역에서도 한결 편한 마음으로 플레이할 수 있게 됐다.

플레이어들은 페널티구역에서도 플레이하기 전에 클럽을 지면이나 수면에 댈 수 있고, 연습스윙하면서 잔디를 파내도 된다. 이로써 페널티구역에서도 한결 편한 마음으로 플레이할 수 있게 됐다.

82. 페널티구역의 한계가 넓어졌다

　페널티구역은 바다, 호수, 연못, 강, 도랑, 지표면의 배수로, 하천(건천 포함) 등 코스 상의 모든 수역(표시여부와 상관없이)과 위원회가 페널티구역으로 규정한 코스의 모든 부분을 말한다.

　페널티구역은 다섯 가지 코스의 구역 가운데 하나이며, 노란 페널티구역과 빨간 페널티구역으로 나뉜다. 위원회가 페널티구역의 색깔을 표시하지 않은 경우 그 페널티구역은 빨간 페널티구역으로 간주된다.

　새 규칙에서는 위원회에 페널티구역을 넓힐 수 있는 재량을 부여했다. 종전엔 수역만 페널티구역으로 정했으나 새 규칙은 사막, 정글, 용암·바위·산악지대 등 물이 없는 지역도 페널티구역으로 설정할 수 있게 했다. 특히 빨간 페널티구역을 더 많이 설정할 수 있도록 했다. 볼이 페널티구역에 들어가면 측면 구제를 받을 수 있도록 해 플레이 속도를 향상하기 위한 조치다. 다만 지형 특성상 노란 페널티구역이 적절할 땐 여전히 노란 페널티구역으로 설정할 수 있다.

페널티 구역

위원회가 어떤 수역의 경계를 말뚝·선·지형 등으로 규정하지 않은 경우 그 페널티구역의 경계는 그 수역의 자연적인 경계로 규정된다. 이는 물을 가둘 수 있는 우묵한 지형의 내리막 경사가 시작되는 부분이 그 경계라는 뜻이다.

물이 없는 곳도 페널티구역으로 설정할 수 있다. 그 중에서도 빨간 페널티구역을 더 많이 설정할 수 있도록 했다. 측면 구제를 받을 수 있게 하려는 의도다.

83 페널티구역 구제를 받기 위해서는 95%의 확률을 확보해야 한다

페널티구역마다 진행 요원이 있지 않은 이상, 발견되지 않은 볼이 페널티구역으로 들어갔느냐 안들어갔느냐는 자주 논란이 된다.

규칙에서는 '플레이어의 볼이 발견되지 않았지만 그 볼이 페널티구역에 정지한 것을 알고 있거나 사실상 확실한 경우 페널티구역 구제를 받을 수 있다'고 정해놓았다. 요컨대 볼이 페널티구역으로 들어간 것을 목격한 사람이 있거나, 제반 여건상 볼이 페널티구역에 들어갔을 확률이 적어도 95%라면 그 볼은 페널티구역에 정지한 것으로 본다.

확률 95%를 어떻게 해석할 것인가. 그것은 '일말의 의심의 여지는 있으나 적어도 95%의 확실성'을 의미한다. 이는 상당히 높은 수준의, 까다로운 조건임을 시사한다. 지형, 잔디의 상태, 풀의 높이, 시계(視界), 기상 상태 및 수목의 근접 정도, 수풀, 비정상적인 코스 상태 등 이용할 수 있는 모든 정보를 고려해 95% 충족 여부를 판단해야 한다. 볼을 스트로크한 플레이어는 '페널티구역行'을 강력히 주장하는 반면, 같은 조의 다른 플레이어 중 한 명이라도 "아니다"고 말하면 어떻게 해야 할까. 이때는 레프리를 부르거나, 그것이 여의치 않을 땐 분실 등 다른 처리를 해야 하는 상황도 배제할 수 없다.

페널티 구역

 볼 움직임 여부와 원인을 따질 때에도 '95% 룰'이 판단 근거가 된다. 플레이어가 볼 뒤에 클럽을 댄 후 볼이 움직였다고 하자. 그런데 클럽을 대고 볼이 움직이기까지는 수 초의 시간이 흘렀다. 이럴 경우 플레이어의 동작으로 인해 볼이 움직였다고 할 수 없다. 그 수 초의 시간에 다른 요인이 볼을 움직이게 할 수도 있었기 때문이다.

볼이 페널티구역에 정지했다고 주장하려면 볼이 페널티구역에 들어갔을 확률이 적어도 95%는 돼야 한다. 확률이 그보다 낮은데도 페널티구역 구제를 받으면 잘못된 장소에서 플레이했다는 논란을 피할 수 없다.

84 페널티구역내 플레이금지구역에 볼이 있을 경우 반드시 페널티 구제를 받아야 한다

　페널티구역 안에 플레이금지구역이 자리잡고 있다. 볼이 페널티구역내 플레이금지구역에 멈출 경우 반드시 페널티 구제를 받아야 한다. 페널티 없이 그곳을 벗어날 수 없다는 말이다.

　플레이어의 볼이 페널티구역에 있고 코스상의 어떤 플레이금지구역 밖에 있지만, 이 플레이금지구역이 플레이어의 의도된 스탠스나 스윙 구역에 방해가 되는 경우에도 그냥 플레이해서는 안되고 반드시 구제를 받아야 한다.

　첫째는 그 페널티구역 밖에서 페널티 구제를 받을 수 있다. 둘째는 페널티구역내에 플레이금지구역으로부터 가장 가까운 완전한 구제지점이 있고 그 기준점으로부터 한 클럽 길이 이내로 기준점보다 홀에 더 가깝지 않은 구제구역(볼이 놓인 페널티구역과 동일한 페널티구역에 있어야 함)이 존재한다면 그곳에 볼을 드롭하여 플레이함으로써 페널티없는 구제를 받을 수 있다.

페널티 구역

볼이 페널티구역내 플레이금지구역에 멈출 경우 반드시 페널티 구제를 받아야 한다. 페널티 없이 그곳을 벗어날 수 없다.

85 빨간 페널티구역의 맞은편 측면 구제는 원칙적으로 없어졌다

볼이 빨간 페널티구역에 들어갈 경우 측면 구제를 받을 수 있다. 원래의 볼이 빨간 페널티구역의 경계를 마지막으로 통과한 것으로 추정되는 지점을 기준점으로 잡고, 그 기준점으로부터 홀에 가깝지 않은 곳으로 두 클럽 길이 이내의 구역에 드롭하고 칠 수 있는 구제 말이다.

따라서 빨간 페널티구역에 빠진 볼의 구제는 노란 페널티구역에 빠진 볼의 구제 방법(두 가지) 외에 이 측면 구제까지 총 세 가지로 줄어들었다. 종전엔 페널티구역의 맞은편에서도 측면 구제를 받을 수 있었으나 새 규칙에서는 그 구제 조항을 삭제했다.

다만 위원회는 홀로부터 같은 거리에 있는 빨간 페널티구역의 맞은편에서도 측면 구제를 허용하는 로컬룰을 채택할 수 있다. 볼이 페널티구역의 경계를 마지막으로 통과한 지점 근처가 OB여서 측면 구제가 여의치 않을 땐 이 로컬룰을 채택할 수 있겠다. 그럼에도 불구하고 유러피언투어 대회를 비롯해 대부분 공식 대회에서 페널티구역 맞은편 측면 구제를 허용하는 이 로컬룰은 거의 채택되지 않을 것으로 보인다. 플레이어들은 대회 때마다 로컬룰을 유심히 봐야 하겠으나, 빨간 페널티구역의 맞은편 측면 구제는 이제 거의 없어졌다고 생각하는 편이 좋을 듯하다.

페널티 구역

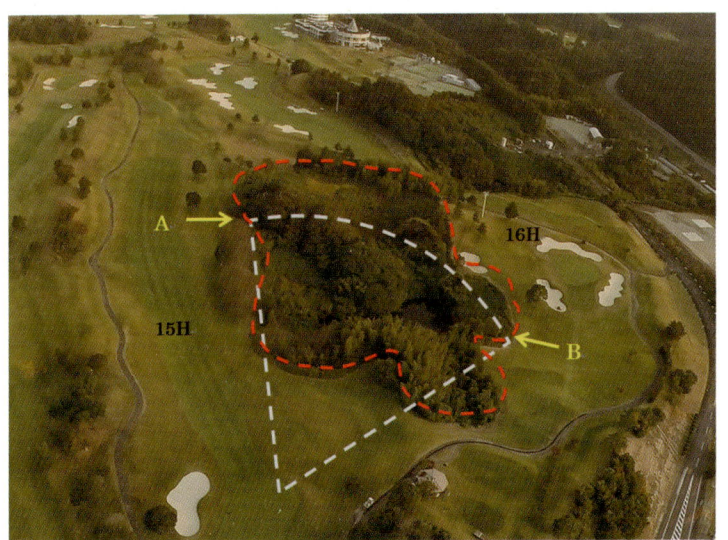

빨간 페널티구역의 맞은편 측면 구제는 원칙적으로 없어졌다. 15번홀 티샷이 A지점에서 페널티구역에 들어갔을 경우 종전엔 1벌타 후 B지점 근처에서도 드롭하고 칠 수 있었으나 지금은 로컬룰이 없는 한 안된다.

그늘집 9

언플레이어블볼 구제시 한 번 더 생각을…

어쩔 수 없이 언플레이어블볼 구제를 받기로 했다면, 구제방법에 대해서는 숙고할 필요가 있다.

이제는 드롭한 볼이 구제구역을 벗어나면 다시 드롭해야 한다. 예전처럼 볼이 처음 지면에 닿은 지점으로부터 두 클럽 길이까지 굴러가는 것을 허용하지 않는다.

언플레이어블볼을 선언하고 후방선이나 두 클럽 길이 이내에 드롭하는 측면 구제 방법을 택할 경우, 드롭한 볼이 칠 수 없는 곳에 멈추면 다시 언플레이어블볼 처리를 할 수밖에 없다. 이는 종전이나 지금이나 마찬가지다. 그런데 지금이 더 그럴 확률이 높아졌다. 구제구역이 한정돼 있기 때문이다.

특히 측면 구제가 그렇다. 측면 구제는 볼이 원래 있던 지점으로부터 두 클럽 길이 이내에 드롭하는 구제 방법이다. 볼이 숲에 가려 언플레이어블볼 구제를 받는데, 측면 구제 방법을 택하려 할 경우 주위를 잘 살펴야 한다. 두 클럽 길이 이내에 드롭을 해도 여전히 숲이 방해가 된다면 괜스레 1타 손해만 볼 수 있기 때문이다. 예전 같으면 두 클럽 길이 끝부분에 볼을 드롭하면, 볼이 지면에 낙하한 후 그 지점으로부터 두 클럽 길이까지 굴러가도 괜찮았지만(숲을 피할 수 있는 여지가 있었지만), 지금은 기준점으로부터 두 클럽 길이를 벗어나면 바로 다

언플레이어블볼 구제를 받을 때에는 어떤 옵션을 취할 지 숙고해야 한다. 특히 드롭한 후에도 여전히 언플레이어블볼 상태가 되는 것은 아닌지를 잘 따져본 후 구제 방법을 택해야 할 것이다.

시 드롭해야 한다. 따라서 그런 상황에서는 홀에서 멀어지더라도 후방선 구제를 고려하는 것이 바람직하다.

벙커에서 언플레이어블볼 상황이 닥치면 2벌타 후 벙커 밖 후방선에서 구제받는 방법을 적극 고려할 만하다. 벙커 안에서 플레이할 수 있는 방법을 택할 경우, 무릎 높이에서 드롭하게 됨으로써 볼이 모래에 푹 박힐 가능성은 낮아졌으나, 그래도 드롭인만큼 좋은 라이를 기대하기는 힘들다. 벙커턱이 높거나, 깊게 묻힌 라이이거나, 스탠스가 잘 안나오는 상황이라면 차라리 2벌타를 받고 벙커 밖의 좋은 라이에서 다음 스트로크를 하는 것이 결과면에서 나을지 모른다.

다음 샷을 위해 적절한 위치에 볼을 갖다놓는
매니지먼트야말로 이기는 골프의 80%를 차지한다.

Management-placing the ball in the right position
for the next shot-is eighty percent of winning golf.

- 벤 호건(프로 골퍼)

제 10 장

벙커

86. 흙으로 된 벙커 측벽과 턱은 벙커가 아니라 일반구역이다

벙커의 정의가 좀 달라졌다. 종전엔 '풀로 덮여 있지 않은 벙커의 측벽이나 턱은 벙커의 일부다'고 규정했다. 측벽에 풀만 없으면 그곳에 모래가 있든 흙이 있든 벙커로 간주됐었다.

그러나 새 규칙에서는 '흙·풀·뗏장·인공자재로 만들어진, 벙커의 경계에 있는 턱(lip)이나 측벽(wall) 또는 측면(face)은 벙커가 아니다'고 규정했다. 요컨대 흙으로 된 측벽과 벙커턱은 이제 벙커에 포함되지 않는다는 것이 가장 큰 차이점이다.

이 측벽과 벙커턱은 벙커가 아니므로 일반구역에 해당된다. 그곳에 볼이 박히거나 그곳에서 드롭해야 할 상황이 닥치면 일반구역에서 구제받는 원칙을 따라야 한다.

물론 측벽에 흙 대신 모래가 채워져있다면, 그곳은 벙커다.

벙커

벙커의 정의가 조금 달라졌다. 흙으로 된 측벽과 벙커턱은 이제 벙커에 포함되지 않는다는 것이 가장 큰 차이점이다.

87 벙커에서 루스임페디먼트를 제거할 수 있다

솔방울·낙엽·디봇·곤충·벌레·돌멩이 등은 루스임페디먼트다. 종전 규칙에서는 볼과 함께 같은 벙커에 있는 루스임페디먼트는 스트로크하기 전에 치울 수 없었다. 벙커에 빠진 볼 위에 나비가 앉아 있는 경우 나비를 집어 볼로부터 떼어낼 수 없었다. 그래서 종전엔 부상 위험이 있을 경우 로컬룰로 벙커내 돌멩이를 치울 수 있도록 하는 일이 잦았다.

이제는 그럴 필요가 없어졌다. 새 규칙에서는 벙커에 있는 볼을 플레이하기 전에 플레이어는 루스임페디먼트를 제거할 수 있도록 했기 때문이다. 볼 바로 뒤에 나뭇잎이 있어 거슬릴 경우 그 나뭇잎을 치우고 샷을 할 수 있게 됐다. 볼 위에 앉은 살아 있는 곤충도 제거할 수 있다.

벙커에 있는 루스임페디먼트를 제거하는 과정에서 벙커의 모래를 합리적으로 건드리거나 움직이는 것은 허용된다. 단, 퍼팅그린이나 티잉구역을 제외한 코스 어디에서든지 루스임페디먼트를 제거하다가 볼을 움직이면 1벌타 후 리플레이스를 해야 하므로 주의해야 한다.

루스임페디먼트와 움직일 수 있는 장해물은 볼의 라이에 해당되지 않는다. 그런데도 벙커내 움직일 수 있는 장해물은 예전부터 치울 수 있었다. 2019년부터 벙커에서 루스임페디먼트를 치울 수 있도록 한 것은 그 연장선으로 보인다.

벙커

벙커에서 스트로크하기 전에 솔방울·낙엽·디봇·곤충·벌레·돌멩이 등 루스임페디먼트를 제거할 수 있다. 단, 루스임페디먼트를 제거하다가 볼을 움직이면 1벌타 후 리플레이스를 해야 하므로 주의해야 한다.

벙커에 있는 볼 위에 앉은 살아있는 곤충은 루스임페디먼트이므로 손으로 집어 볼에서 떼어낼 수 있게 됐다. 다만 그 과정에서 볼 움직임에 조심해야 하겠다.

88 벙커에서도 볼 주변의 모래 아래 상태를 알아보기 위해 찔러보는 행동이 허용된다

볼이 카트도로 옆에 멈췄을 때 플레이어들은 티로 볼 주변의 지면을 찔러보곤 한다. 카트도로가 잔디 아래 어디까지 파고들어왔는지, 그 카트도로가 스트로크를 방해하는지 여부를 알아보기 위함이다. 이같은 행동은 스트로크에 영향을 미치는 상태를 개선하지 않으면 코스 어디에서든 허용되는데, 벙커에서도 그럴 수 있다. 물론 페널티는 없다.

벙커에는 배수 시설, 스프링클러 덮개, 모래 고정 장치, 인공 계단, 부직포 등이 있을 수 있다. 벙커의 한계는 수직 아래로 연장되며, 이런 것들이 모래속에 있으면 움직일 수 없는 장해물 구제를 받을 수 있다. 그 밖에도 나무 뿌리나 바위가 있을 수 있는데, 이럴 경우 그것을 감안하여 다음 스트로크에 대한 의사결정을 할 수 있다.

이런 장해물이나 자연물이 눈에 잘 띄지 않아 그대로 스트로크를 했다가 낭패를 본 경험이 있을 것이다. 그런 사태를 막기 위해 벙커에 볼이 빠졌을 때 볼 주변의 모래를 찔러서 체크해보는 일은 합리적인 행동으로 간주된다. 다만 그 행동의 목적이 모래 상태를 테스트하는 것이라면 규칙에 위반된다.

벙커

카트도로 옆에서 가끔 그러듯이, 벙커에서도 볼 주변의 모래 밑 상태를 알아보기 위해 티같은 것으로 찔러볼 수 있다. 찔러보아 장해물이 감지되면 구제받고 플레이할 수 있다.

89 벙커에서 해서는 안되는 일 네 가지는?

새 규칙에서는 플레이어가 화가 나거나 자신의 플레이에 실망하여 클럽으로 벙커내 모래를 쳐도 페널티를 부과하지 않도록 했다. 벙커내 볼에 다가서면서 무심결에 클럽으로 모래를 건드려도 스트로크에 영향을 미치는 상태를 개선하지 않거나 모래 테스트 의도가 없다면 괜찮다. 다른 플레이어의 플레이를 기다리는 동안 클럽을 모래에 댄 채로 몸을 기대어도 된다.

그렇지만 여전히 벙커에서 볼에 스트로크를 하기 전에 해서는 안되는 행동 네 가지가 있다.

첫째 다음 스트로크를 위한 정보를 얻으려는 목적아래 모래의 상태를 테스트하기 위해 고의로 손·클럽·고무래·그 밖의 물체로 모래를 건드리는 행동.

둘째 볼 바로 앞·뒤에 있는 모래를 클럽으로 건드리는 행동(단, 올바르게 볼을 찾는 과정이거나 루스 임페디먼트·움직일 수 있는 장해물을 제거하는 과정에서 허용되는 경우는 예외).

셋째 연습스윙을 하면서 클럽으로 모래를 건드리는 행동.

넷째 스트로크를 위한 백스윙을 하면서 모래를 건드리는 행동 등이다.

벙커

새 규칙은 벙커에서 금지되는 행동을 상당폭 완화했다. 그렇지만, 스트로크하기 전에 볼 바로 앞·뒤에 있는 모래를 클럽으로 건드리는 행동은 허용되지 않는다.

90 │ 턱 높은 벙커에서 나올 수 있는 길이 열렸다

벙커는 프로 골퍼·아마추어 골퍼 할 것 없이 플레이하기 어려운 곳이다. 특히 볼이 깊은 항아리형 벙커에 빠질 경우 플레이어들은 곤욕을 치른다. 벙커에서 도저히 플레이하기 힘들 경우 언플레이어블볼 구제 방법이 있긴 하나, 일단 벙커에서 한 번 플레이해버리면 그 후로는 벙커 밖으로 나올 수 있는 구제 방법이 막혀버렸다. 스트로크플레이에서는 꼭 홀아웃을 해야 하므로 이런 상황에서 플레이어들은 난감해할 수밖에 없었다.

새 규칙에서는 벙커에 있는 볼에 대한 언플레이어블볼 구제를 받는 방법 하나를 추가했다. 추가 벌타를 받고 벙커 밖으로 나올 수 있게 했다. 요컨대 총 2벌타를 받고 홀로부터 원래의 볼이 있는 지점을 지나는 직후방의 기준선에 따라 정해지는 벙커 밖의 구제구역에서 후방선 구제를 받을 수 있도록 한 것이다. '2벌타 후 벙커 밖에서 후방선 구제를 받는다'고 생각하면 된다. 벙커 안에서 약해지는 초보 골퍼들에게는 희소식일 듯하다.

벙커

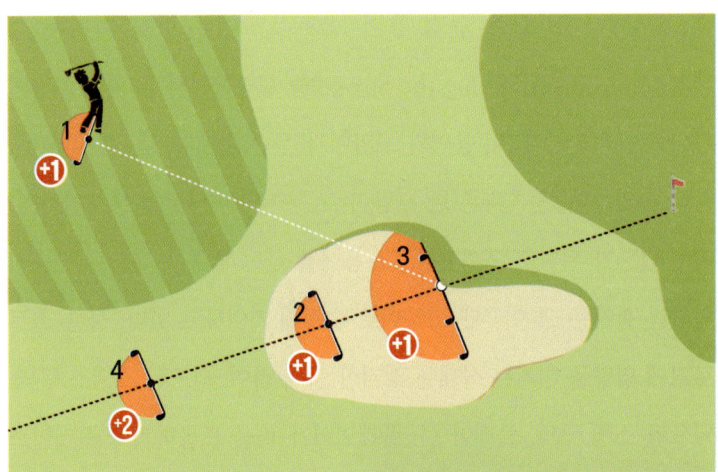

벙커 턱이 높거나 볼이 모래에 깊이 묻힐 경우 언플레이어블볼 추가 구제 방법을 택해 벙커 밖으로 나올 수 있다. 1,2,3번 구제는 종전처럼 1벌타이나, 벙커 밖 후방선 구제(4번)는 2벌타가 따른다. 벙커에서 약해지는 초보 골퍼들에게는 희소식일 듯하다.

제10장 벙커

그늘집 10

고양이든 맥주든 외워두면 쓸모있다

R&A에서 새 골프 규칙 용어 '스트로크에 영향을 미치는 상태'(Conditions Affecting the Stroke)를 설명하면서 그 옆에 고양이 그림을 그려놓았다. 이 용어와 고양이가 무슨 관계가 있을까 하고 생각하고 있는데, 눈치빠른 한 사람이 그 용어의 이니셜을 모으면 고양이(CATS)가 된다고 귀띔했다. 그 용어를 국산 맥주 브랜드로 단순기억하던 필자는 그 이후엔 고양이로 수정해 기억하고 있다. 물론 스트로크에 영향을 미치는 상태는 정지한 볼의 라이, 의도된 스탠스 구역, 의도된 스윙 구역, 플레이 선, 플레이어가 볼을 드롭하거나 플레이스할 구제구역을 말한다는 것도 '라·스·스·플·구'(나 스스로 풀고)로 생략해서 머리에 입력해두었다.

새 규칙에서는 용어의 정의뿐 아니라, 그 내용 가운데서도 기억해야 할 것이 많다. 그런데 제법 많은 것을 일일이 기억하기에는 한계가 있을 수밖에 없다. 그래서 내 나름대로 요령을 부려 아예 외워버린 것도 많다. 예컨대 '비정상적인 코스 상태'에는 동물이 판 구멍(Animal Hole), 수리지(Ground Under Repair), 움직일 수 없는 장해물(Immovable Obstruction), 일시적으로 고인 물(Temporary Water)이 있다. 네 가지의 앞글자를 따면 'AGIT'(아지트)가 된다. '비정상적인 코스 상태는 아지트다'고 기억하니 한결 쉬워졌다.

골프 규칙에는 세세하게 기억해야 할 것이 많다.
플레이어 스스로 약어나 연상되는 문구로 외워두면
쓸모가 있지 않을까.

칩샷은 골프에서 가장 위대한 경제학자다.

The chip is the greatest economist in golf.

- 보비 존스(영원한 아마추어 골퍼)

제 11 장

- 매치플레이
- 스트로크플레이
- 로컬룰

91 매치플레이와 스트로크플레이를 결합한 경기도 가능해졌다

종전까지 골프 경기는 매치플레이와 스트로크플레이를 구분해 치렀다. US아마추어챔피언십과 같은 특정 대회에서 예선은 스트로크플레이로 하고 본선은 매치플레이로 한 경우는 있었으나, 한 라운드에서 이 두 가지 경기 방식을 결합해 치른 예는 없었다. 두 경기 방식에 적용되는 규칙이 본질적으로 다르기 때문이다.

그런데 2019년부터는 두 방식을 결합한 경기가 가능해졌다. 다만 공식 대회보다는 아마추어들의 친선 라운드에서 제한적으로 도입될 수 있겠다.

R&A(영국골프협회)와 USGA(미국골프협회)는 2019년부터 적용되는 규칙의 '위원회 절차'(섹션 6C)에서 '한 라운드에 두 가지 플레이 방식을 결합한 경기를 운영할 경우 위원회가 고려해야 할 사항'을 명시했다. 이를테면 플레이어들이 두 경기 방식을 함께 하겠다는 요청을 할 경우 규칙을 어떻게 적용할 지에 대한 지침을 적어놓았다. 이는 한 라운드에서 두 가지 방식의 경기를 할 수도 있게 됐다는 의미다.

매치플레이는 컨시드와 타수 알려주기, 스트로크플레이는 스코어카드와 홀아웃 하기라는 각각의 특정한 규칙을 갖고 있다. 그 밖에도 두 경기 방식의 차이점은 많다.

매치플레이·스트로크플레이·로컬룰

두 경기 방식을 결합한다면 플레이어들은 더 많은 신경을 써야 하겠지만, 골프 경기의 두 가지 맛을 함께 느낄 수 있을 듯하다.

한 라운드에서 매치플레이와 스트로크플레이를 결합한 경기도 가능해졌다. R&A와 USGA는 새 규칙 '위원회 절차'에서 플레이어들이 두 방식을 함께 할 경우 규칙 적용에 대한 지침을 적어놓았다.

92 매치플레이에서 컨시드를 오해하고 볼 집어올릴 경우 무벌타

매치플레이에서 컨시드는 분명하게 의사소통이 된 경우에 한해 성립된다. 요컨대 컨시드는 플레이어가 그 스트로크나 홀 또는 매치를 컨시드하려는 의도를 말이나 행동(몸짓)으로 분명히 나타냄으로써 성립될 수 있다.

그런데도 상대방이 컨시드를 받은 것으로 오해할 수 있는 모호한 말이나 행동을 하는 플레이어들을 볼 수 있다. 그 결과 상대방은 컨시드를 받은 것으로 생각하고 볼을 집어들기도 한다.

이 경우 종전 규칙에서는 컨시드를 주는 플레이어가 오해를 인도(引導)한 경우 상대방은 벌타없이 볼을 리플레이스하면 됐다. 새 규칙에서는 플레이어가 아니라, 상대방이 오해할 경우 무벌타 처리를 하면 된다. '플레이어의 말이나 행동이 다음 스트로크나 홀 또는 매치를 컨시드한 것이라고 상대방이 합리적으로 오해하고 자신의 볼을 집어 올려서 규칙을 위반한 경우, 페널티는 없지만 그 볼은 반드시 원래의 지점에 리플레이스해야 한다'고 돼있다. 요컨대 상대방이 오해할만한 말이나 행동으로 컨시드 여부에 대한 의사를 모호하게 표시할 경우, 그 책임은 플레이어에게 있다는 것을 명시했다.

물론 플레이어가 아무런 의사를 표시하지 않았는데, 상대방이 컨시드를 준 것으로 오해하고 볼을 집어들면 상대방에게 1벌타가 부과되고, 그 볼은 리플레이스해야 한다.

매치플레이에서 컨시드를 준 것으로 오해하고 볼을 집어올릴 경우 페널티가 없고 볼은 리플레이스하면 된다. 컨시드는 명확하게 표시하는 것이 혼선을 막는 길이다.

93. 아마추어 골퍼들을 위해 홀아웃 안해도 되는 '맥시멈스코어' 방식을 도입했다

골프 경기 방식은 매치플레이와 스트로크플레이가 주를 이루지만, 특이한 방식도 있다. 맥시멈스코어도 그 중 하나다.

맥시멈스코어는 플레이어나 편의 홀 스코어를 위원회가 정해놓은 최대 타수(스트로크 수와 벌타의 합)로 한정하는 스트로크플레이의 한 방식이다. 최대타수는 더블 파, 특정한 숫자, 네트 더블 보기 등이 될 수 있다.

맥시멈스코어에서 플레이어의 홀 스코어는 플레이어의 타수에 따라 결정된다. 다만 실제 타수가 최대 타수를 초과하는 경우라도 플레이어는 그 최대 스코어까지만 받는다. 벌타를 적용하더라도 플레이어의 홀 스코어는 위원회가 정해놓은 최대 스코어를 초과할 수 없다.

예컨대 최대 타수가 더블 파라면, 파4홀에서 플레이어들의 최대 타수는 8이 되고, 8을 기록하는 시점에 그 홀의 플레이는 끝난다. 홀아웃하지 않아도 되며, 그럴 경우 그 홀 스코어는 최대 타수로 기록된다.

한 홀에서 더블 파 전후의 하이 스코어를 내곤 하는 초보 플레이어가 끼여 있을 경우 해볼만한 경기 방식이다. 일부 아마추어 골프 대회에서 채택될 듯하다.

한편 기존의 스테이블포드나 파/보기 방식도 끝까지 홀아웃하지 않아도 되는 스트로크플레이 방식이다.

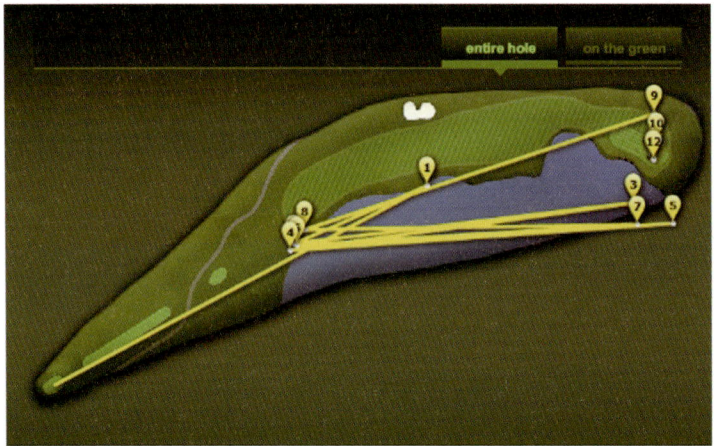

> 맥시멈스코어는 플레이어나 편의 홀 스코어를 위원회가 정해놓은 최대 타수로 한정하는 스트로크플레이의 한 방식이다. 이른바 '더블파 이상은 더블파로 적는다'는 식이다. 이 방식으로 플레이하는 것도 허용됐으니 아마추어 골프에서 도입해볼만 하다.

94. OB나 분실시 로컬룰로 허용하면 2벌타를 받고 앞으로 나가 페어웨이에 드롭하고 칠 수 있다

아마추어 골프 세계에서 플레이한 볼이 OB나 분실이 될 경우 2벌타를 받은 후 볼이 떨어진 인근 지점에서 다음 스트로크를 하는 일이 있었다. 한국을 비롯해 몇몇 아시아 지역의 골프장에서 볼 수 있는 'OB티'도 그와 비슷한 개념이었다. 이런 행태를 종전엔 골프 규칙이나 로컬룰에서 일절 인정하지 않았으나, 새 규칙에서는 로컬룰로 허용할 수 있다. 물론 플레이어는 스트로크와 거리의 구제와 이 방법 가운데 선택할 수 있다. 다만 공식 경기에서는 이 로컬룰이 채택되지 않을 가능성이 99.9%다.

먼저 플레이한 볼이 OB가 날 경우다. 볼이 코스의 경계를 넘어간 것으로 추정된 지점이 기준점(볼 기준점)이 된다. 그 기준점에서 홀까지의 거리와 같은 등거리선을 임의로 페어웨이까지 연결해본다. 등거리를 따라 그어 온 선은 페어웨이 가장자리(페어웨이 기준점)에서 안쪽(페어웨이쪽)으로 두 클럽 길이까지 나갈 수 있다. 플레이어는 2벌타를 받은 후 볼 기준점과 페어웨이 안쪽 두 클럽 길이 이내 지점까지 연결된 등거리선을 한 변으로 하는, 홀에 가깝지 않게 형성된 후방의 사각형 지역에 드롭하면 된다. 구제구역이 아주 넓다.

다음 볼이 분실될 경우다. 볼이 분실된 곳으로 추정하는 지점이 기준점(볼 기준점)이 된다. 분실의 경우는 OB와 달리 볼 기준점 양쪽으

매치플레이·스트로크플레이·로컬룰

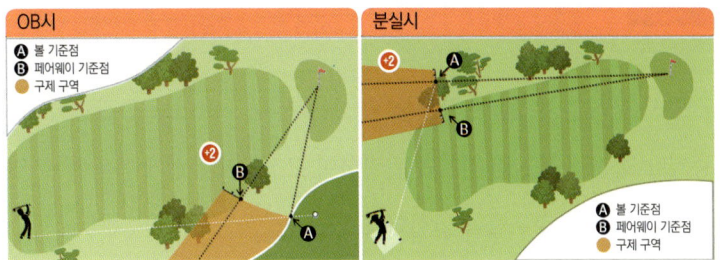

OB나 분실시 앞으로 나가 칠 수 있는 길이 열렸다. 단, 로컬룰로 허용해야 하고 2벌타를 받는 조건이 붙는다. 각각의 그림에서 황토색 부분에 드롭하면 된다.

로 구제구역이 형성된다. 페어웨이쪽 구제구역은 OB와 동일하다. 이에 추가로 볼 기준점으로부터 페어웨이 반대쪽으로 두 클럽 길이까지 나갈 수 있다. 분실 땐 볼 기준점으로부터 양쪽에 형성되는 구제구역에 볼을 드롭하면 된다. OB보다 구제구역이 더 넓게 주어진다.

요컨대 2019년부터는 볼이 OB나 분실됐을 때 2벌타를 받은 후 볼이 코스의 경계를 넘어가거나 없어진 것으로 추정되는 기준점과 홀에서 등거리인 페어웨이 가장자리로부터 두 클럽 길이 범위의 페어웨이에 볼을 드롭하고 칠 수 있다. 물론 로컬룰로써 뒷받침돼야 한다. 드롭한 볼이 넓디넓은 구제구역(일반구역이어야 함)에 멈추기만 하면, 얼마나 굴렀는지에 상관없이 인플레이볼이 된다. 한 번 구제받으면 원래의 볼을 3분내에 발견해도 구제받은 볼로 플레이를 해야 한다. 또 원래의 볼과 프로비저널볼을 모두 찾지 못한 후 이 방법을 택할 땐 프로비저널볼에 적용된다.

95   임시 움직일 수 없는 장해물로부터 구제시 플레이어의 선택폭이 넓어졌다

임시 움직일 수 없는 장해물(TIO)은 천막·스코어보드·관람석·TV중계탑·화장실 등처럼 경기와 관련하여 고정되거나 쉽게 움직일 수 없도록 세운 임시 구조물을 말한다.

TIO에 의한 방해는 물리적 방해(physical interference)와 개재(intervention)에 의한 방해로 나뉘었었다. 새 규칙에서는 개재에 의한 방해가 '가시선 방해'(line of sight interference)라는 말로 대체됐다. 가시선 방해는 종전엔 두 가지 조건을 충족해야 성립했으나 지금은 플레이 선에 있어야 한다는 조건은 없어지고, 볼과 홀을 연결하는 직선상에 TIO가 있어야 하는 것 하나로 줄어들었다.

TIO가 플레이에 방해가 될 경우 종전엔 대개 로컬룰로 정해지는 TIO 규정에 따라 처리하면 됐다. 그런데 새 규칙에서는 물리적 방해(가시선 방해와 함께 있는 경우 포함)가 있을 경우 플레이어는 TIO 규정에 의한 구제와 움직일 수 없는 장해물 구제 중에서 선택할 수 있도록 구제 폭을 확대했다. 다만 플레이어가 둘 중 한 가지를 선택해 드롭하면 그 방법 외에 더이상의 구제는 받을 수 없다. 예컨대 볼이 관람석 안에 멈춰 물리적 방해와 가시선 방해를 함께 받을 경우, 플레이어는 종전처럼 TIO 구제를 받아 관람석으로부터 '한 클럽 길이 이상, 두 클럽 길이 이내' 지역에 볼을 드롭하고 칠 수 있다. 그런가 하면 TIO

를 보통 장해물처럼 생각해 가장 가까운 완전한 구제지점을 정한 후 그로부터 한 클럽 길이 이내의 구제구역에 드롭하고 칠 수도 있다.

TIO 구제를 받지 못하는 예외적인 상황도 여전히 있다. 특히 볼이 TIO 안에 있을 경우엔 항상 구제를 받을 수 있지만, TIO 아래에 있을 경우엔 상황에 따라 구제를 받을 수 없는 일도 생긴다.

한편 TIO 구제를 받을 경우에도 볼을 교체할 수 있다.

TIO가 물리적으로 방해될 때에는 TIO 구제 방법과 일반적인 움직일 수 없는 장해물 구제 방법 가운데 택일할 수 있다. 플레이어의 선택폭이 넓어진 것이다.

96 '프리퍼드 라이' 적용시 볼 집어올리기 전에 마크 필요없고 놓을 땐 새 볼을 쓸 수 있다

　비정상적인 코스 상태로 인해 로컬룰로써 프리퍼드 라이를 적용할 때에도 두 가지 주요한 변화가 있다.

　첫째 프리퍼드 라이를 적용하기 위해 볼을 집어올릴 때 마크하지 않아도 된다. 다른 구제 상황에서처럼 굳이 마크하지 않고 집어올려도 페널티가 없다. 이는 볼을 원래의 지점에 리플레이스하지 않아도 되기 때문이다. 그러나 볼을 집어올리기 전에 항상 마크하는 것은 좋은 습관이다. 프리퍼드 라이를 적용할 때에도 볼을 올바른 지점에 놓는 것은 전적으로 플레이어의 책임이기에 그렇다.

　볼을 집어 정해진 지점에 놓을 때에는 볼을 새 것으로 바꿔도 된다. 새 규칙에서 다른 모든 구제상황에 허용하는 것으로, 프리퍼드 라이 역시 그 범주에 들어간다. 단, '원 볼 룰'이 적용되는 경기에서는 그 조건을 충족하는 범위에서 볼을 바꿔야 한다.

　프리퍼드 라이가 적용될 경우 집어올린 볼을 한 번 놓으면 그것으로 인플레이가 된다. 집어올린 볼을 놓을 수 있는 구제구역의 크기는 투어와 경기방식에 따라 기준점(원래의 볼 위치)으로부터 한 스코어카드 길이, 6인치(약 15.24cm), 한 클럽 길이 등 세 가지 중에서 하나로 정해진다. 유러피언투어의 경우 스트로크플레이에서는 한 스코어카드 길이, 매치플레이에서는 6인치를 프리퍼드 라이의 기본 조건으로 설정한다. 폭우로 코스에 물이 많이 차거나, 잔디 상태가 극도로 나쁠 때에는 아주 드물지만 한 클럽 길이를 기준으로 삼기도 한다.

코스 상태가 좋지 않아 프리퍼드 라이를 적용할 경우 볼을 집어올리기 전에 굳이 마크할 필요가 없다. 이는 볼을 원래의 지점에 리플레이스하지 않아도 되기 때문이다. 그래도 마크한 후 집어올리는 것은 좋은 습관이다.

그늘집 11

OB 경계는 정확히 어디인가?

아마추어 골퍼들이 궁금해하는 점 중 하나가 볼이 코스의 경계선에 멈췄을 때 '어떤 것이 OB이고, 어떤 것이 OB가 아니냐?'는 것이다.

골프 규칙에서는 '정지한 볼 전체가 코스의 경계 밖에 있는 경우에 한하여, 그 볼은 아웃오브바운즈에 있는 볼이다'고 정의한다. 코스의 경계는 대개 말뚝이나 선으로 표시한다.

첫째 말뚝으로 표시된 경우 코스의 경계는 지면과 경계 말뚝의 코스쪽 접점들을 이은 선으로 규정되며, 말뚝 자체는 아웃오브바운즈에 있는 것이다.

둘째 선으로 표시된 경우(말뚝과 선이 함께 있을 경우엔 선이 코스의 경계가 됨) 코스의 경계는 코스 쪽의 경계선이며 선 자체는 아웃오브바운즈에 있는 것이다.

이렇다 보니 다음과 같은 경우, 그 볼은 인바운즈(코스)에 있는 볼이다.

첫째 볼의 일부라도 코스의 경계 안의 지면이나 물체(자연물이나 인공물)에 놓여있거나 붙어있는 경우.

둘째 볼의 일부라도 코스의 경계 위나 코스 위에 있는 경우.

요컨대 코스의 경계가 말뚝으로 돼있을 경우 말뚝과 지면이 닿는 부분 가운데 코스쪽 접점들을 이은 선이 경계다. 선으로 돼있을 경우 코스쪽 가장자리가 경계다. 그 경계에 볼의 일부라도 닿아 있으면 OB가 아니다. 볼 전체가 경계 밖에 있는 경우에 그 볼은 OB다.

이는 특정구역을 나타내는 선에 볼의 일부라도 닿으면 그 볼은 특정구역에 있는 것이라는 일반적인 정의와는 다른 것이다. 예컨대 티잉구역, 벙커, 퍼팅그린, 페널티구역, 수리지, 구제구역, 잘못된 그린 등지에서는 볼의 일부라도 그것에 접촉해 있을 경우 볼은 그 지역에 속한 것으로 본다. 오직 OB의 경우만 볼이 완전히 코스의 경계를 벗어나야 OB로 본다.

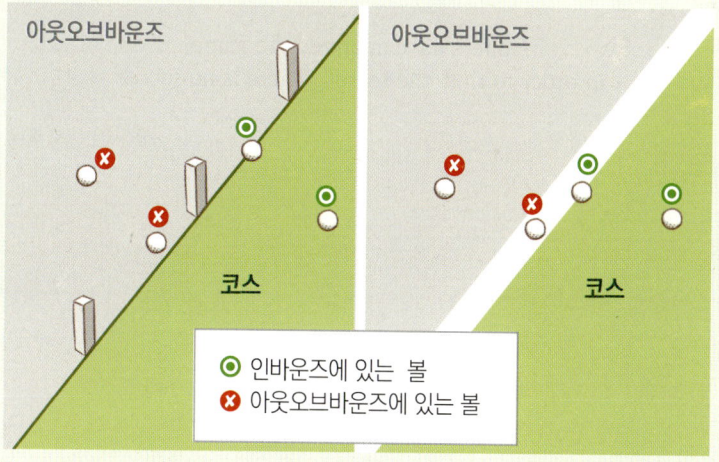

OB 경계에 대해 궁금해하는 골퍼들이 많다. 수리지 퍼팅그린 티잉구역 페널티구역 등과는 달리, 볼이 OB 경계선에 조금이라도 걸쳐 있으면 OB가 아니다. 왼쪽 그림은 OB 경계가 말뚝으로, 오른쪽 그림은 OB 경계가 선으로 표시된 사례다.

골퍼들은 특별한 비밀을 찾기 위해 게임을 분석해왔다.
그러나 골프에 비밀은 없다.

Golfers have analyzed the game
in order to find 'the secret'. There is no secret.

-헨리 코튼(프로 골퍼)

제 12 장

플레이어의
행동기준 및 합리적 행동

97 행동거지 잘 못하면 페널티 받는다

새 규칙은 플레이어의 행동에 관한 기준을 행동 수칙으로 정하여 그것을 로컬룰로 채택할 수 있도록 했다.

종전엔 플레이어가 중대한 에티켓 위반을 할 경우 위원회에서 재량으로 실격을 부과할 수 있었던 것이 전부였다.

새 규칙에서는 위원회가 행동 수칙에 채택될 수 있는 플레이어의 행동 기준을 정할 수 있도록 근거를 뒀다. 플레이어가 그 기준을 위반할 경우 1벌타 또는 일반 페널티와 같은 페널티를 부과한다는 내용을 행동 수칙에 포함시킬 수 있다. 실격보다 가벼운 페널티를 부과할 수 있는 근거를 마련함으로써 규칙 적용의 유연성을 확보했다. 물론 위원회는 플레이어가 행동 수칙 기준에 어긋나는 매우 부당한 행동을 한 경우 그 플레이어를 실격시킬 수 있다.

요컨대 플레이어들은 라운드 중 행동거지에 조심해야 한다는 얘기다. 행동 수칙에 나오는 행동 기준을 어길 경우 실격 이전에 1벌타나 일반 페널티를 부과받을 수 있다. 이를테면 클럽으로 시설물(티마커·홀표시판 등)을 내려쳐 파손할 경우 페널티를 받을 수 있다.

플레이어의 행동기준 및 합리적 행동

2015년 한국에서 열린 세계군인체육대회에서 한국대표 선수가 드라이버로 시설물을 과격하게 치고도 별 일 없이 지나친 일이 있었다. 2018년 전국체육대회 해외부 경기에서는 한 선수가 티잉구역의 시설물을 쳐 망가뜨리고도 유야무야 넘어갔다. 두 사례 모두 이제는 벌타감이다.

2019년 7월 드림파크배 아마추어 골프선수권대회에서 한 선수가 퍼터를 던진 것이 그린에 떨어져 그린을 손상했다. 그 선수는 실격당했다.

새 규칙에서는 플레이어의 행동 기준을 정할 수 있는 근거를 뒀다. 플레이어가 그 기준을 위반할 경우 1벌타 또는 일반 페널티를 부과할 수 있고, 매우 부당한 행동일 경우엔 실격시킬 수 있다.

98 화가 나서 한 행동이 모두 용서받는 것은 아니다

　새 규칙에서는 플레이어가 화가 나서 한 행동에 대해 '너그럽게' 용인해 준다.

　플레이가 마음에 안들어 클럽에 화풀이를 하다가 클럽이 손상됐을지라도 그 클럽을 그 라운드에서는 계속 사용할 수 있다. 또 벙커샷에 실망하거나 벙커탈출 실패를 자책한 나머지 클럽으로 모래를 쳐도 '노 페널티'로 규정했다. 화풀이를 자연스런 감정의 표출 또는 플레이의 연장선으로 여긴 듯하다.

　그렇지만, 새 규칙에는 첫 머리에 플레이어의 행동 기준과 행동 수칙이 들어있다. 화가 난다고 퍼터로 그린을 찍어 표면을 손상하거나 티샷이 숲으로 가자 드라이버로 티마커를 쳐부수는 행동 등에는 페널티가 부과될 수 있다. 골프정신에 어긋나는 매우 부당한 행동으로 판단될 경우엔 실격당할 수도 있다.

　2019년 2월 유러피언투어 사우디 인터내셔널 3라운드에서 세르히오 가르시아는 퍼트가 뜻대로 되지 않자 퍼터로 몇 개홀 그린을 손상했다. 이를 본 뒷조 동료선수들이 경기위원회에 얘기했고, 경기위원회는 가르시아가 매우 부당한 행동을 했다고 보고 실격시켰다. 가르시아는 2007년 한 대회에서 짧은 퍼트를 놓친 후 홀(컵)에 침을 뱉은 적도 있다. 화풀이도 때와 장소에 따라 가려서 해야 한다.

플레이어의 행동기준 및 합리적 행동

클럽이나 모래에 화풀이를 하는 것은 용인되지만, 코스나 대회 시설물에 화풀이를 하는 것은 금물이다. '악행'을 일삼아온 세르히오 가르시아는 2019년 2월 한 대회에서 퍼터로 몇 차례 퍼팅그린을 손상해 실격당했다.

99 플레이어의 '합리적 판단'이 존중된다

골프 규칙은 플레이어들이 어떤 지점이나 점·선·구역·위치 등을 스스로 결정해야 한다고 규정한다.

이를테면 볼이 페널티구역을 마지막으로 통과한 지점을 추정하는 경우, 구제를 받고 드롭·플레이스할 때 추정(측정)하는 경우, 볼을 원래의 지점(알고 있는 지점이든, 추정한 지점이든)에 리플레이스하는 경우 등이다.

이런 위치 결정은 신속·신중하게 이뤄져야 한다. 그러나 때로는 정확하지 않을 수 있다.

새 규칙에서는 플레이어가 정확한 결정을 하기 위해 주어진 상황에서 할 수 있는 합리적인 노력을 다한 경우에는 그 스트로크를 한 후 비디오나 그 밖의 정보에 의해 그 결정이 잘못된 것으로 밝혀지더라도 플레이어의 합리적 판단이 그대로 받아들여진다고 규정했다. 단, 플레이어 자신이 그 스트로크를 하기 전에 그 결정이 잘못된 것을 인지한 경우에는 반드시 그 잘못을 바로잡아야 한다.

플레이어의 행동기준 및 합리적 행동

어떤 상황에 대해 객관적으로 증언해줄 사람(갤러리·진행요원 등)이 없을 경우 플레이어가 합리적인 판단아래 결정한 내용은, 설령 어느 정도(때로는 상당한)의 오류가 있더라도 그대로 인정된다. '합리적'이라는 말에 주목할 필요가 있다.

플레이어는 어떤 지점이나 점·선·구역·위치 등을 스스로 결정해야 한다. 이때 객관적 증거가 없을 경우 플레이어의 합리적 판단은 존중된다.

100 비디오 증거가 있을 때에도 '육안' 기준을 우선한다

위원회가 재정을 하기 위해 사실상의 문제를 판단하는 경우 비디오를 돌려보는 일이 흔해졌다. 그런데 새 규칙에서는 비디오 증거의 용도를 '육안' 기준으로 제한했다. 기계가 만능이 아니라, 사람이 우선이라는 얘기다.

이를테면 비디오 화면에 나타난 사실을 육안으로 확인하는 것이 합리적으로 가능하지 않은 것으로 판단되는 경우, 그 사실이 규칙 위반을 나타내더라도 그 비디오 증거는 무시된다. 볼 움직임 여부가 논란이 돼 비디오 화면을 보기로 했다. 그런데 비디오 화질이나 카메라 앵글이 좋지 않아 볼 움직임 여부가 확실히 드러나지 않는다. 이 경우 비디오 증거는 무시되고, 플레이어의 눈으로 확인가능한 정보만이 판단 근거로 채택된다.

다만 육안 기준으로 비디오 증거가 무시되는 경우라도 플레이어가 규칙을 위반한 사실을 스스로 인지한 경우에는 규칙 위반에 해당한다. 예컨대 육안으로 보이지 않았지만, 플레이어 스스로 벙커에서 클럽이 모래에 닿는 것을 느낀 경우 플레이어의 느낌을 채택해 규칙위반으로 본다는 얘기다.

플레이어의 행동기준 및 합리적 행동

다른 종목은 기계의 힘을 빌리는 추세이나, 골프는 그렇지 않다. 비디오 증거가 있지만 확실하지 않은 경우 육안 기준으로 판단의 근거를 삼는다.

그늘집 12

부상당하거나 몸이 아플 경우 회복에 허용되는 시간은 최대 15분

> 100가지 항목으로 맞추다 보니 두 가지가 남았다. 그래서 그 두 가지를 마지막 그늘집으로 꾸몄다.

플레이어는 홀을 플레이하는 동안, 또는 홀과 홀 사이에서 플레이를 부당하게 지연시켜서는 안된다. 부당한 지연 플레이에 대해서는 첫 번째 위반시 1벌타, 두 번째 위반시 일반 페널티, 세 번째 위반시 실격을 부과하도록 새 규칙은 명문화했다.

단, 예외는 있다. 플레이어가 레프리나 위원회에 도움을 요청하는 경우, 플레이어가 부상을 당했거나 몸이 아픈 경우, 그 밖의 타당한 이유가 있는 경우 등이다.

플레이어가 갑작스럽게 부상을 당했거나 몸이 아픈 경우 얼마나 플레이를 지연시킬 수 있을까. 새 규칙에서는 라운드당 최대 15분을 허용하는 것으로 정리됐다. 한 라운드 도중 조금씩, 여러 차례 플레이를 지연시키더라도 합계 시간은 15분을 넘지 않아야 한다. 정상적으로 플레이할 수 있는 컨디션을 회복하는데 15분 이상의 시간이 소요된다면 부당한 지연으로 간주되며, 플레이어 스스로 기권해야 한다는 뜻으로 풀이된다. 다른 플레이어와의 형평성, 경기 및 대회 진행 등을 감안한 결과다.

부상당하거나 몸이 아플 경우 회복에 허용되는 시간은 얼마나 주어야 적당할까. 다른 플레이어와의 형평성, 경기·대회 진행 등을 감안해 15분을 넘지 않아야 한다는 것이 규칙의 취지다.

퍼팅그린 이외 지역에서도 플레이 선을 가로지르거나 밟고 선 채 스트로크를 할 수 없다

퍼팅그린 이외 지역에서도 플레이 선을 가로지르거나 밟고 선 채 스트로크를 할 수 없다. 플레이 선이란 플레이어가 스트로크를 하여 볼을 보내고자 하는 선을 말한다. 그 선으로부터 지면 위와 그 선 양옆의 합리적인 거리에 있는 구역들을 포함한다. 플레이 선은 대개 직선이지만, 곡선이 될 수도 있다.

새 규칙은 '플레이어는 고의로 플레이 선이나 그 선의 볼 후방으로의 연장선을 가로지르거나 밟고 선 스탠스를 취한 채 스트로크를 해서는 안된다'고 규정했다. 단, 이 규칙에 한해 그 선 양옆의 합리적인 거리는 플레이 선에 포함되지 않는다.

이 규칙은 이제 코스의 전지역에서 적용된다. 종전에는 퍼팅그린에서 스트로크할 때만 적용됐었다. 따라서 2019년부터는 퍼팅그린 이외 지역에서 스트로크를 할 때에도 조심해야 할 듯하다. 장해물이나 지형상의 이유로 스윙 자세가 제대로 안나오는 트러블샷을 할 때, 자신의 플레이에 낙담한 나머지 장난처럼 스탠스를 취하고 스트로크를 할 때 이런 일이 발생할 수 있다. 위반시 일반 페널티가 부과된다.

다만 플레이어가 우연히 이런 스탠스를 취했거나 다른 플레이어의 플레이 선을 밟지 않기 위해 취한 경우에는 페널티가 없다.

스코어를 낮추는 비결은 세 번 할 샷을
두 번의 샷으로 마무리하는 능력이다.

The secret of low scores is the ability
to turn three shots into two.

- 보비 존스(영원한 아마추어 골퍼)

제 13 장

용어의 정의
Definitions

용어의 정의

찾아보기

- 가장 가까운 완전한 구제지점 … 267
- 개선 …… 267
- 교체 …… 267
- 구제구역 …… 268
- 깃대 …… 269
- 동물 …… 269
- 동물이 판 구멍 …… 269
- 드롭 …… 269
- 라운드 …… 270
- 라이 …… 270
- 레프리 …… 270
- 루스임페디먼트 …… 270
- 리플레이스 …… 271
- 마커 …… 271
- 마크 …… 271
- 매치플레이 …… 271
- 맥시멈스코어 …… 272
- 박힌 볼 …… 272
- 번갈아 치는 샷(포섬) …… 289
- 벙커 …… 272
- 볼마커 …… 272
- 분실 …… 273
- 비정상적인 코스상태 …… 273
- 상대방 …… 273
- 수리지 …… 273
- 스리볼 …… 274
- 스코어카드 …… 274
- 스탠스 …… 275
- 스테이블포드 …… 275
- 스트로크 …… 275
- 스트로크와 거리 …… 275
- 스트로크에 영향을 미치는 상태 … 276
- 스트로크플레이 …… 276
- 아웃오브바운즈 …… 276
- 알고 있거나 사실상 확실한 …… 277
- 어드바이스 …… 277
- 오너 …… 278
- 외부의 영향 …… 278
- 움직이다 …… 278
- 움직일 수 없는 장해물 …… 278
- 움직일 수 있는 장해물 …… 279
- 위원회 …… 279
- 인플레이 …… 279
- 일반구역 …… 280
- 일반 페널티 …… 280
- 일시적으로 고인 물 …… 280
- 자연의 힘 …… 281
- 잘못된 그린 …… 281
- 잘못된 볼 …… 281
- 잘못된 장소 …… 281
- 장비 …… 282
- 장비 규칙 …… 282
- 장해물 …… 282
- 중대한 위반 …… 283
- 최대한의 구제지점 …… 283
- 캐디 …… 284
- 코스 …… 284
- 코스와 분리할 수 없는 물체 …… 284
- 코스의 경계물 …… 285
- 코스의 구역 …… 285
- 클럽 길이 …… 285
- 티 …… 286
- 티잉구역 …… 286
- 파/보기 …… 286
- 파트너 …… 286
- 퍼팅그린 …… 286
- 페널티구역 …… 287
- 편 …… 288
- 포볼 …… 288
- 포섬(번갈아 치는 샷) …… 289
- 프로비저널볼 …… 289
- 플레이금지구역 …… 289
- 플레이 선 …… 289
- 홀 …… 290
- 홀에 들어가다 …… 290

Definitions

◆ **가장 가까운 완전한 구제지점**(Nearest Point of Complete Relief)

가장 가까운 완전한 구제지점이란 비정상적인 코스상태(규칙 16.1), 위험한 동물이 있는 상태(규칙 16.2), 잘못된 그린(규칙 13.1f), 플레이금지구역(규칙 16.1f와 17.1e)으로부터 페널티 없는 구제를 받는 경우 또는 특정한 로컬룰에 따라 구제를 받는 경우의 기준점을 말한다.

이 기준점은 볼이 놓여야 할 것으로 추정되는 지점으로서,
  △ 그 볼의 원래 지점과 가장 가깝지만, 원래 지점보다 홀에 더 가깝지 않아야 하고,
  △ 요구되는 코스의 구역에 있어야 하며,
  △ 원래의 지점에 방해가 되는 상태가 없었다면 플레이어가 했을 스트로크에 더 이상 방해가 되지 않는 지점이어야 한다.

기준점을 추정할 때, 플레이어는 반드시 그 스트로크에 사용했을 것과 동일한 클럽이나 스탠스, 스윙, 플레이 선을 사용하여야 한다. 다만 플레이어가 실제 스탠스를 취하여 선택한 클럽으로 스윙을 해보면서 그 스트로크를 시연할 필요는 없다(그러나 일반적으로 플레이어가 시연해보는 것이 정확한 추정에 도움이 되므로 그렇게 할 것을 권장한다).

가장 가까운 완전한 구제지점은 구제를 받으려고 하는 특정한 상태와 관련되어 있으며, 그 상태와 다른 무엇인가로 인하여 방해를 받는 위치에 있을 수도 있다.
  △ 플레이어가 한 상태로부터 구제를 받고 난 후에 구제가 허용되는 다른 상태로 인하여 방해를 받는 경우, 플레이어는 그 새로운 상태로부터 방해를 받지 않는 새로운 가장 가까운 완전한 구제지점을 결정하여 다시 구제를 받을 수 있다.
  △ 플레이어가 구제를 받을 때에는 반드시 각 상태에 따라 따로따로 구제를 받아야 한다. 다만 플레이어가 그렇게 하더라도 그 둘 중 어느 한 상태로 인한 방해가 계속될 것이라고 판단되는 경우에는 그 두 상태로부터 동시에 벗어나는 가장 가까운 완전한 구제지점을 결정하여 한 번에 구제를 받을 수 있다.

◆ **개선**(Improve)

개선이란 플레이어가 스트로크를 위한 잠재적인 이익을 얻기 위하여 스트로크에 영향을 미치는 상태 또는 플레이에 영향을 미치는 그 밖의 물리적인 상태를 하나라도 변경하는 것을 말한다.

◆ **교체**(Substitute)

교체란 플레이어가 홀을 플레이하는 데 사용하고 있는 볼을 다른 볼로 바꾸어, 그 다른 볼을 인플레이볼이 되게 하는 것을 말한다.

플레이어가 어떤 방법으로든(규칙 14.4 참조) 원래의 볼 대신 다른 볼을 인플레이한 경우

용어의 정의

에는 다음과 같은 경우였더라도 그 플레이어는 볼을 교체한 것이다.
　△ 원래의 볼이 인플레이 상태였던 경우
　△ 코스에서 집어 올렸거나 분실되었거나 아웃오브바운즈로 갔기 때문에 원래의 볼이 더 이상 인플레이 상태가 아니었던 경우

다음과 같은 경우라도 교체한 볼은 그 플레이어의 인플레이볼이 된다.
　△ 잘못된 방법이나 잘못된 장소에서 리플레이스했거나 드롭했거나 플레이스하여 교체한 경우
　△ 규칙에서 플레이어가 원래의 볼을 도로 인플레이할 것을 요구하는데 다른 볼로 교체한 경우

◆ **구제구역**(Relief Area)

구제구역이란 규칙에 따라 구제를 받을 때 플레이어가 반드시 볼을 드롭하여야 하는 구역을 말한다. 각 구제 규칙은 플레이어가 다음의 세 가지 요건에 따라 정해지는 크기와 위치를 가진 특정한 구제구역을 사용할 것을 요구한다.
　△ 기준점: 구제구역의 크기를 측정하는 기준이 되는 지점
　△ 구제구역의 크기: 구제구역의 크기는 기준점으로부터 한 클럽 길이 또는 두 클럽 길이 이내로 제한된다.
　△ 구제구역의 위치 제한: 구제구역의 위치는 다음과 같은, 한 가지 이상의 제한을 받을 수 있다.
　　　▪ 구제구역은 반드시 일반구역에 있어야 하거나 벙커나 페널티구역에 있어서는 안 되는 경우처럼, 어떤 특정한 코스의 구역에 있어야 한다.
　　　▪ 구제구역은 기준점보다 홀에 더 가깝지 않아야 하거나 반드시 구제를 받으려고 하는 페널티구역이나 벙커의 밖에 있어야 한다.
　　　▪ 구제구역은 구제를 받으려고 하는 상태로부터 더 이상 방해(그 특정한 규칙에 규정된 방해)를 받지 않는 곳이어야 한다.

구제구역의 크기를 정하기 위하여 클럽 길이를 이용할 때, 플레이어는 배수로나 배수구 또는 그와 유사한 것들을 가로질러 측정할 수 있으며, 어떤 물체(예, 나무·울타리·벽·터널·배수구·스프링클러 헤드)를 가로지르거나 통과하여 측정할 수 있다. 그러나 자연적인 오르막이나 내리막인 지형을 수평으로 가로질러 측정해서는 안 된다.

「위원회 절차」 섹션 2I(위원회는 플레이어가 특정한 구제를 받는 경우에 드롭존을 구제구역으로 사용할 것을 허용하거나 요구할 수 있다) 참조

Definitions

◆ 깃대(Flagstick)
깃대란 플레이어들에게 홀의 위치를 보여주기 위하여 위원회가 홀에 꽂아둔 움직일 수 있는 긴 막대를 말한다. 깃발과 그 막대에 부착된 그 밖의 모든 물질이나 물체는 깃대에 포함된다.

깃대에 관한 요건 — 「장비 규칙」 RandA.org/Euipment Standards 참조

◆ 동물(Animal)
동물이란 포유류·조류·파충류·양서류·무척추동물(예, 벌레·곤충·거미·갑각류)을 포함하여, 동물계에 살아있는 모든 개체(사람은 제외)를 말한다.

◆ 동물이 판 구멍(Animal Hole)
동물이 판 구멍이란 루스임페디먼트로 규정된 동물(예, 벌레나 곤충)이 판 구멍을 제외한, 동물이 지면에 판 모든 구멍을 말한다.

다음과 같은 것들은 동물이 판 구멍에 포함된다.
△ 동물이 그 구멍을 팔 때 떨어져 나온 부스러기
△ 그 구멍을 드나든 흔적이나 자국
△ 그 동물이 땅속으로 구멍을 파서 불룩하게 솟아오르거나 변형된 지면의 모든 부분

◆ 드롭(Drop)
드롭이란 볼을 인플레이하려는 의도를 가지고 그 볼을 손에 들고 공중에서 떨어뜨리는 것을 말한다.

플레이어가 인플레이하려는 의도 없이 볼을 떨어뜨린 경우, 그 볼은 드롭된 것이 아니므로 인플레이볼이 되지 않는다(규칙 14.4 참조).

각 구제 규칙에서는 그 볼이 반드시 드롭되고 정지하여야 할 특정한 구제구역을 규정하고 있다.

구제를 받고 볼을 드롭할 때, 플레이어는 반드시 무릎 높이에서 그 볼을 손에서 놓음으로써,
△ 볼이 똑바로 떨어지도록, 그 볼을 던지거나 굴리거나 볼에 스핀을 주거나 그 볼이 정지할 곳에 영향을 미칠 수도 있는 동작을 하지 않아야 하며,
△ 그 볼이 지면에 닿기 전에 플레이어의 몸이나 장비를 맞혀서는 안 된다(규칙 14.3b 참조).

용어의 정의

◆ **라운드**(Round)
라운드란 위원회가 정한 순서대로 18개의 홀 또는 그 이하의 홀을 플레이하는 것을 말한다.

◆ **라이**(Lie)
라이란 볼이 정지하고 자라거나 붙어 있는 모든 자연물, 움직일 수 없는 장해물, 코스와 분리할 수 없는 물체, 코스의 경계물이 그 정지한 볼에 닿아 있거나 그 볼 바로 옆에 있는 상태의 지점을 말한다. 루스임페디먼트와 움직일 수 있는 장해물은 볼의 라이에 해당되지 않는다.

◆ **레프리**(Referee)
레프리란 위원회로부터 사실상의 문제를 결정하고 규칙을 적용할 권한을 위임받은 사람을 말한다. 「위원회 절차」 섹션 6C (레프리의 책임과 권한) 참조

◆ **루스임페디먼트**(Loose Impediment)
루스임페디먼트란 다음과 같이 어딘가에 붙어 있지 않은 모든 자연물을 말한다.
  △ 돌멩이, 붙어 있지 않은 풀, 낙엽, 나뭇가지, 나무토막
  △ 동물의 사체와 배설물
  △ 벌레와 곤충, 벌레나 곤충처럼 쉽게 제거할 수 있는 동물, 그런 동물들이 만든 흙더미나 거미줄(예, 지렁이 똥이나 개밋둑)
  △ 뭉쳐진 흙덩어리(에어레이션 찌꺼기 포함)
다음과 같은 상태의 자연물은 루스임페디먼트가 아니다.
  △ 자라거나 붙어 있는 상태
  △ 지면에 단단히 박혀 있는 상태(즉, 쉽게 뽑히지 않는 상태)
  △ 볼에 달라붙어 있는 상태
 특별한 경우:
  △ 모래와 흩어진 흙은 루스임페디먼트가 아니다.
  △ 이슬과 서리와 물은 루스임페디먼트가 아니다.
  △ 눈과 천연 얼음(서리는 제외)은 루스임페디먼트이며, 이것들이 지면에 있는 경우에는 플레이어의 선택에 따라 일시적으로 고인 물이 될 수 있다.
  △ 거미줄은 다른 물체에 붙어 있더라도 루스임페디먼트이다.

Definitions

◆ 리플레이스(Replace)

리플레이스란 볼을 인플레이하려는 의도를 가지고 그 볼을 내려놓아 플레이스하는 것을 말한다.

플레이어가 인플레이하려는 의도 없이 볼을 내려놓은 경우, 그 볼은 리플레이스된 것이 아니며 인플레이된 것도 아니다(규칙 14.4 참조).

규칙에서 볼을 리플레이스할 것을 요구할 때마다, 그 관련 규칙에서는 반드시 그 볼을 리플레이스하여야 할 특정한 지점을 규정하고 있다.

◆ 마커(Marker)

마커란 스트로크플레이에서 플레이어의 스코어를 그 플레이어의 스코어카드에 기록하고 그 스코어카드를 확인하고 서명할 책임이 있는 사람을 말한다. 다른 플레이어는 마커가 될 수 있으나, 플레이어의 파트너는 마커가 될 수 없다.

위원회는 플레이어의 마커를 지정해줄 수도 있고 플레이어들에게 마커를 선택하는 방법을 알려줄 수도 있다.

◆ 마크(Mark)

마크란 볼이 정지한 지점을 나타내기 위하여,
△ 그 볼 바로 뒤나 옆에 볼마커를 놓아두거나,
△ 클럽을 들고 그 볼 바로 뒤나 옆의 지면에 그 클럽의 한쪽 끝을 대는 것을 말한다.

이와 같이 하는 이유는 볼을 집어 올린 후 그 볼을 반드시 리플레이스하여야 할 지점을 나타내기 위한 것이다.

◆ 매치플레이(Match Play)

매치플레이란 한 라운드 이상의 라운드에서 플레이어나 편이 상대방이나 다른 편과 직접적으로 경쟁하는 플레이 방식을 말한다.
△ 플레이어나 편은 상대방이나 다른 편보다 더 적은 타수(스트로크 수와 벌타)로 홀을 끝낼 경우, 그 홀을 이기며,
△ 이긴 홀의 수가 남은 홀의 수보다 더 많은 상태로 상대방이나 다른 편을 앞선 플레이어나 편은 그 매치의 승자가 된다.

매치플레이는 싱글 매치(한 명의 플레이어가 한 명의 상대방과 직접적으로 경쟁하는 플레이)나 스리볼 매치 또는 두 명의 파트너로 이루어진 편들끼리 경쟁하는 포섬이나 포볼 매치로 플레이될 수 있다.

용어의 정의

◆ 맥시멈스코어(Maximum Score)
맥시멈스코어란 플레이어나 편의 홀 스코어를 위원회가 더블 파, 특정한 수, 네트 더블 보기 등으로 정해놓은 최대 타수(스트로크 수와 벌타의 합)로 한정하는 스트로크플레이의 한 방식을 말한다.

◆ 박힌 볼(Embedded)
박힌 볼이란 플레이어의 직전의 스트로크로 인하여 그 플레이어의 볼이 그 볼 자체의 피치마크 안에 들어 있고 그 볼의 일부가 지면 아래에 있는 상태를 말한다.

박힌 볼이라고 해서 반드시 흙에 직접 닿아야 하는 것은 아니다(예를 들면, 풀이나 루스임페디먼트가 그 볼과 흙 사이에 끼일 수도 있다).

◆ 벙커(Bunker)
벙커란 모래로 특별하게 조성된 구역을 말하며, 그 구역은 주로 풀이나 흙이 제거된 채 움푹 꺼진 지형을 하고 있다.

다음과 같은 것들은 벙커의 일부가 아니다.
△ 흙이나 풀·떗장·인공자재로 만들어진, 벙커의 경계에 있는 턱이나 벽 또는 측면
△ 벙커의 경계 안에 있는 흙이나 자라거나 붙어 있는 모든 자연물(예, 풀·덤불·나무)
△ 벙커의 경계 밖으로 흩어져 나온 모래
△ 벙커 안에 있는 모래를 제외한, 코스 상에 있는 모래로 된 그 밖의 모든 지역(예, 사막·그 밖의 자연적인 모래지역·황무지로 언급되는 구역)

벙커는 코스의 구역으로 규정된 다섯 가지 구역 중 하나이다.

위원회는 모래로 조성된 구역을 일반구역의 일부(즉, 벙커가 아니라는 의미)로 규정할 수도 있고, 준비되지 않은 모래 지역을 벙커로 규정할 수도 있다.

어떤 벙커가 수리 중이고 위원회가 그 벙커 전체를 수리지로 규정하는 경우, 그 벙커는 일반구역의 일부(즉, 벙커가 아니라는 의미)로 간주된다.

「용어의 정의」와 규칙 12에서 언급하는 '모래'에는 그 모래에 혼합되어 있는 모든 흙뿐만 아니라, 벙커 자재로 쓰이는 모든 종류의 모래(예, 조개껍데기를 갈아서 만든 모래)가 포함된다.

◆ 볼마커(Ball-Marker)
볼마커란 티·동전·볼마커용으로 만들어진 물건·그 밖의 자그마한 장비처럼, 집어 올릴 볼의 지점을 마크하기 위하여 사용하는 인공물을 말한다.

규칙에서 어떤 볼마커를 움직인 것에 대하여 언급하는 경우, 그것은 집어 올린 후 아직 리

플레이스하지 않은 볼의 지점을 마크하기 위하여 코스 상에 놓아둔 볼마커를 의미한다.

◆ **분실**(Lost)
　　분실이란 플레이어나 플레이어의 캐디(또는 플레이어의 파트너나 파트너의 캐디)가 볼을 찾기 시작한 후 3분 안에 그 볼이 발견되지 않은 상태를 말한다.
　　볼을 찾기 시작한 후 타당한 이유(예, 플레이가 중단된 경우 또는 다른 플레이어가 플레이하는 것을 기다리느라 잠시 비켜서 있는 경우)가 있어서 또는 플레이어가 확인했던 볼이 잘못된 볼이라서 볼 찾기가 중단된 경우,
　　　△ 볼 찾기가 중단된 후 재개되기까지의 시간은 볼 찾기에 허용되는 시간(3분)에 포함되지 않으며,
　　　△ 볼 찾기에 허용되는 시간은 볼을 찾기 시작했을 때부터 중단될 때까지의 시간과 다시 볼을 찾기 시작한 이후의 시간을 합하여, 총 3분이다.

◆ **비정상적인 코스상태**(Abnormal Course Condition)
　　비정상적인 코스상태란 다음과 같이 규정된 네 가지 상태를 말한다.
　　　△ 동물이 판 구멍
　　　△ 수리지
　　　△ 움직일 수 없는 장해물
　　　△ 일시적으로 고인 물

◆ **상대방**(Opponent)
　　상대방이란 매치에서 플레이어와 경쟁하는 사람을 말하며, 이 용어는 매치플레이에만 적용된다.

◆ **수리지**(Ground Under Repair)
　　수리지란 위원회가 수리지로 규정한 코스의 모든 부분(표시 여부와 관계없이)을 말한다. 다음과 같은 부분들은 수리지로 규정된 모든 구역에 포함된다.
　　　△ 수리지의 경계 안의 모든 지면
　　　△ 수리지에 뿌리를 둔 풀이나 덤불, 나무 또는 그 안에서 자라거나 붙어 있는 모든 자연물과 그러한 자연물들이 수리지의 경계 밖 지면 위로 뻗어 나간 모든 부분(그러나 그 자연물이 수리지의 경계 밖 지면에 붙어 있거나, 그 경계 안에 뿌리를 둔 나무의 뿌리가 땅속으로 그 경계 밖으로 뻗어 나간 부분처럼 그 지면 아래에 있는 부분은 포함되지 않는다.)

용어의 정의

위원회가 수리지로 규정하지 않더라도, 다음과 같은 것들 또한 수리지에 포함된다.
△ 위원회나 코스 관리팀에 의하여 만들어진 모든 구멍
- 코스를 세팅하는 과정에서 만들어진 구멍(예, 말뚝을 제거한 곳에 생긴 구멍 또는 다른 홀의 플레이에도 사용되는 더블 그린에 있는 홀)
- 코스를 관리하는 과정에서 만들어진 구멍(예, 에어레이션 구멍을 제외한, 뗏장이나 나무 그루터기를 제거하거나 배관을 설치하는 과정에서 생긴 구멍)

△ 나중에 치우려고 쌓아둔 깎아낸 잔디나 낙엽의 더미 또는 그 밖의 모든 자재
- 다만 나중에 치우려고 쌓아둔 자연물은 루스임페디먼트이기도 하며
- 위원회가 수리지로 규정하지 않은 한, 치우려는 의도 없이 코스에 방치되어 있는 각종 자재는 수리지가 아니다.

△ 플레이어의 스트로크나 스탠스로 인하여 훼손될 위험이 있을 정도로 그 플레이어의 볼 가까이 있는 동물의 서식지(예, 새 둥지) - 그러나 루스임페디먼트로 규정된 동물(예, 벌레나 곤충)의 서식지는 제외

수리지의 경계는 말뚝이나 선 또는 지형으로 규정되어야 한다.
△ 말뚝: 말뚝으로 규정된 경우, 수리지의 경계는 그 말뚝과 지면의 바깥쪽 접점들을 이은 선으로 규정되며, 말뚝은 수리지 안에 있는 것이다.
△ 선: 지면 위에 칠한 선으로 규정된 경우, 수리지의 경계는 그 선의 외곽선이며, 선 자체는 수리지에 있는 것이다.
△ 지형: 지형(예, 화단이나 잔디 재배지)으로 규정된 경우, 위원회는 수리지의 경계를 명확하게 규정하여야 한다.

수리지의 경계가 선이나 지형으로 규정된 경우, 말뚝은 그곳이 수리지임을 나타내기 위하여 사용될 뿐 다른 의미는 없다.

◆ 스리볼(Three-Ball)
스리볼이란 세 명의 플레이어 각각이 동시에 다른 두 명의 플레이어를 상대로 별개의 매치를 플레이하는 매치플레이의 한 방식을 말하며, 각 플레이어는 그 두 매치에 사용되는 하나의 볼만 플레이한다.

◆ 스코어카드(Scorecard)
스코어카드란 스트로크플레이에서 플레이어의 각 홀의 스코어를 기록하는 양식을 말한다.
스코어카드는 위원회가 다음과 같이 할 수 있도록 승인한 종이양식이나 전자양식의 형태를 띤다.

△ 플레이어의 스코어를 홀마다 기록하고,
△ 핸디캡 경기의 경우에는 플레이어의 핸디캡을 명시하며,
△ 마커와 플레이어는 위원회가 승인한 친필 서명이나 전자인증방식으로 스코어를 확인하고 서명하며, 플레이어는 핸디캡 경기에서 자신의 핸디캡을 확인하고 서명한다.

매치플레이에서는 스코어카드를 요구하지 않지만, 플레이어들이 그때그때 매치 스코어를 확인하기 위하여 스코어카드를 사용할 수는 있다.

◆ **스탠스**(Stance)
스탠스란 플레이어가 스트로크를 준비하고 실행하려고 자세를 잡는 몸과 발의 위치를 말한다.

◆ **스테이블포드**(Stableford)
스테이블포드란 스트로크플레이의 한 방식을 말한다.
△ 플레이어나 편의 홀 스코어는 그 플레이어나 편의 타수(스트로크 수와 벌타의 합)를 위원회가 정해놓은 목표 스코어와 비교하여 점수로 결정되며
△ 모든 라운드에서 가장 높은 점수를 받은 플레이어나 편이 그 경기의 우승자가 된다.

◆ **스트로크**(Stroke)
스트로크란 볼을 치기 위하여 그 볼을 보내고자 하는 방향으로 클럽을 움직이는 동작을 말한다.
그러나 다음과 같은 경우는 스트로크를 한 것이 아니다.
△ 플레이어가 다운스윙 도중에 볼을 치지 않기로 결정하여 클럽헤드가 볼에 도달하기 전에 의도적으로 멈추었거나, 클럽헤드를 도저히 멈출 수 없어서 의도적으로 볼을 맞히지 않은 경우
△ 플레이어가 연습 스윙을 하거나 스트로크를 하려고 준비하는 동안에 우연히 볼을 치게 된 경우

규칙에서 '볼을 플레이한다'고 언급하는 경우, 그것은 스트로크를 한다는 것을 의미한다.
플레이어의 홀이나 라운드 스코어는 플레이어가 한 모든 스트로크 수와 모든 벌타를 합한 '타수'로 기록된다(규칙 3.1c 참조).

◆ **스트로크와 거리**(Stroke and Distance)
스트로크와 거리란 플레이어가 직전의 스트로크를 한 곳에서 볼을 플레이함으로써 규칙 17, 18 또는 19에 따라 구제를 받는 경우의 절차와 페널티를 말한다(규칙 14.6 참조).

용어의 정의

스트로크와 거리라는 용어는
△ 플레이어가 1벌타를 받으며,
△ 직전의 스트로크를 하여 얻은 홀까지의 거리상의 이점을 잃게 된다는 것을 의미한다.

◆ **스트로크에 영향을 미치는 상태**(Conditions Affecting the Stroke)
스트로크에 영향을 미치는 상태란 플레이어의 정지한 볼의 라이, 의도된 스탠스 구역, 의도된 스윙 구역, 플레이 선, 플레이어가 볼을 드롭하거나 플레이스할 구제구역을 말한다.
△ '의도된 스탠스 구역'에는 플레이어가 발로 딛고 서는 장소뿐만 아니라, 의도된 스트로크를 준비하고 실행할 때 플레이어가 스탠스를 잡는 방법과 장소에 합리적으로 영향을 미칠 수도 있는 구역 전체가 포함된다.
△ '의도된 스윙 구역'에는 의도된 스트로크를 하기 위한, 백스윙이나 다운스윙 또는 스윙의 완성에 이르는 전 과정에 합리적으로 영향을 미칠 수도 있는 구역 전체가 포함된다.
△ 라이, 플레이 선, 구제구역에 대한 정의는 「용어의 정의」에 규정돼 있다.

◆ **스트로크플레이**(Stroke Play)
스트로크플레이란 플레이어나 편이 그 경기에 참가한 다른 모든 플레이어나 편들과 경쟁하는 플레이 방식을 말한다.
스트로크플레이의 기본 방식(규칙 3.3 참조)에서,
△ 플레이어나 편의 한 라운드의 스코어는 그 플레이어나 편이 그 라운드의 모든 홀에서 홀 아웃한 타수(스트로크 수와 벌타의 합)를 더한 것이며,
△ 모든 라운드를 가장 적은 타수로 끝낸 플레이어나 편이 그 경기의 우승자가 된다.
기본 방식과 다른 스코어 산정 방법을 가진 그 밖의 스트로크플레이 방식으로는 스테이블포드, 맥시멈 스코어, 파/보기가 있다(규칙 21 참조).
모든 스트로크플레이 방식은 개인으로서 플레이하는 경기(각 플레이어가 단독으로 경쟁)나 파트너들로 이루어진 편으로서 플레이하는 경기(포섬이나 포볼)로 플레이될 수 있다.

◆ **아웃오브바운즈**(Out of Bounds)
아웃오브바운즈란 위원회가 규정한 코스의 경계 밖의 모든 구역을 말한다. 그 경계 안의 모든 구역은 인바운즈이다.
코스의 경계는 지면으로부터 위와 아래 양 방향으로 연장된다.
△ 코스의 경계 안에 있는 모든 지면과 물체(예, 자연물과 인공물)는 지면에 있든 지면 위 또는 아래에 있든 모두 인바운즈에 있는 것이다.

△ 어떤 물체가 코스의 경계 안팎으로 양쪽에 걸쳐 있는 경우(예, 경계 울타리에 붙어 있는 계단이나 그 경계 밖에 뿌리를 둔 나무의 가지가 경계 안으로 뻗어 들어온 부분 또는 그 반대인 경우)에는 그 경계 밖에 있는 부분만 아웃오브바운즈에 있는 것이다.

코스의 경계는 코스의 경계물이나 선으로 규정되어야 한다.

△ 코스의 경계물: 말뚝이나 울타리로 규정된 경우, 코스의 경계는 그 말뚝이나 울타리 기둥(비스듬하게 세워진 지지대는 제외)과 지면의 코스 쪽 접점들을 이은 선으로 규정되며, 그 말뚝이나 울타리 기둥은 아웃오브바운즈에 있는 것이다.

코스의 경계가 벽과 같은 물체로 규정되거나 위원회가 경계 울타리를 달리 간주하고자 하는 경우, 위원회는 코스의 경계를 명확하게 규정하여야 한다.

△ 선: 지면 위에 칠한 선으로 규정된 경우, 코스의 경계는 그 선의 코스 쪽 외곽선이며, 그 선 자체는 아웃오브바운즈에 있는 것이다.

코스의 경계가 지면 위에 칠한 선으로 규정된 경우, 말뚝은 코스의 경계를 나타내기 위하여 사용될 뿐 다른 의미는 없다.

코스의 경계를 규정하는 말뚝이나 경계선은 흰 색이어야 한다.

◆ **알고 있거나 사실상 확실한**(Known or Virtually Certain)

'알고 있거나 사실상 확실한'이란 플레이어의 볼이 어떻게 되었는지 △ 예를 들면, 그 볼이 페널티구역에 정지하였는지 여부, 그 볼을 움직였거나 움직이게 한 원인 △ 를 판단하는 기준을 말한다.

'알고 있거나 사실상 확실한'은 단지 그럴 가능성이나 개연성이 있다는 것 이상을 의미한다.

△ '알고 있거나'란 플레이어나 다른 목격자가 플레이어의 볼에 일어난 문제적인 상황을 직접 목격한 경우처럼, 그 상황에 관한 결정적인 증거가 있다는 것이며,

△ '사실상 확실한'이란 일말의 의심의 여지는 있지만, 합리적으로 이용할 만한 모든 정보가 그 상황에 관하여 적어도 95%의 확실성을 보여준다는 것을 의미한다.

'합리적으로 이용할 만한 모든 정보'란 플레이어가 알고 있는 모든 정보와 플레이어가 경기를 부당하게 지연시키지 않으면서 합리적인 노력으로 얻을 수 있는 그 밖의 모든 정보를 말한다.

◆ **어드바이스**(Advice)

어드바이스란 플레이어가 홀이나 라운드를 플레이하는 동안 다음과 같은 결정을 하는 데 영향을 미치려는 의도를 가지고 하는 말이나 행동(예, 직전의 스트로크에 사용한 클럽을 보여주는 동작)을 말한다.

용어의 정의

△ 클럽 선택
△ 스트로크를 하는 방법
△ 플레이하는 방법

그러나 다음과 같이 공공연하게 알려진 정보는 어드바이스에 포함되지 않는다.

△ 홀이나 퍼팅그린, 페어웨이, 페널티구역, 벙커 또는 다른 플레이어의 볼의 위치와 같이, 코스 상에 있는 것들의 위치
△ 한 지점으로부터 다른 지점까지의 거리
△ 골프 규칙

◆ **오너**(Honour)

오너란 플레이어가 티잉구역에서 첫 번째로 플레이할 권리를 말한다(규칙 6.4 참조).

◆ **외부의 영향**(Outside Influence)

외부의 영향이란 플레이어의 볼이나 장비 또는 코스에 영향을 미칠 수 있는 다음과 같은 사람과 사물을 말한다.

△ 모든 사람(다른 플레이어 포함) - 그러나 플레이어와 플레이어의 캐디, 플레이어의 파트너와 그 파트너의 캐디, 상대방과 그 상대방의 캐디는 제외
△ 모든 동물
△ 모든 자연물이나 인공물 또는 그 밖의 모든 것(움직이고 있는 다른 볼 포함) - 그러나 자연의 힘은 제외

◆ **움직이다**(Moved)

'움직이다'란 정지했던 볼이 원래의 지점을 벗어나 다른 지점에 정지했고, 그것을 육안으로 확인할 수 있는 경우(누군가가 그 볼이 움직이는 것을 실제로 목격하였는지 여부는 관계없이)를 말한다.

그 볼이 원래의 지점으로부터 위·아래 또는 수평으로, 즉 어느 방향으로 움직였든 그 볼은 움직인 볼이다.

정지한 볼이 기우뚱거리기(흔히 흔들린다고 표현하는 움직임)만 하다가 도로 원래의 지점에 정지한 경우, 그 볼은 움직인 볼이 아니다.

◆ **움직일 수 없는 장해물**(Immovable Obstruction)

움직일 수 없는 장해물이란 다음과 같은 장해물을 말한다.

△ 불합리한 노력 없이는 움직일 수 없거나 그 장해물이나 코스를 훼손시키지 않고는 움

직일 수 없으며,

△ 「용어의 정의」상 움직일 수 있는 장해물에 해당되지 않는 장해물

위원회는 「용어의 정의」상 움직일 수 있는 장해물에 해당되는 장해물이라도 그것을 움직일 수 없는 장해물로 규정할 수 있다.

◆ 움직일 수 있는 장해물(Movable Obstruction)

움직일 수 있는 장해물이란 합리적인 노력으로, 그 장해물이나 코스를 훼손시키지 않으면서 움직일 수 있는 장해물을 말한다.

움직일 수 없는 장해물이나 코스와 분리할 수 없는 물체(예, 게이트·문·부착된 케이블)의 일부가 위의 두 가지 기준을 모두 충족시키는 경우, 그 부분은 움직일 수 있는 장해물로 간주된다.

그러나 움직일 수 없는 장해물이나 코스와 분리할 수 없는 물체의 움직일 수 있는 부분이 움직여서는 안되는 것(예, 돌담에 붙어있지는 않지만 그 돌담의 일부인 돌)인 경우에는 움직일 수 있는 장해물로 간주되지 않는다.

어떤 장해물이 움직일 수 있는 것이라도, 위원회는 그것을 움직일 수 없는 장해물로 규정할 수 있다.

◆ 위원회(Committee)

위원회란 경기를 주관하고 코스를 관장하는 개인이나 단체를 말한다.
「위원회 절차」 섹션 1 (위원회의 역할) 참조

◆ 인플레이(In Play)

인플레이란 플레이어의 볼이 코스에 놓여 있고 그 볼이 홀 플레이에 사용되고 있는 볼인 경우를 말한다.

△ 볼이 홀에서 처음 인플레이되는 시점은 다음과 같다.
- 플레이어가 티잉구역 안에서 그 볼에 스트로크를 할 때
- 매치플레이에서 플레이어가 티잉구역 밖에서 스트로크를 하였으나, 상대방이 규칙 6.1b에 따라 그 스트로크를 취소시키지 않았을 때

△ 이와 같이 인플레이된 볼은 홀에 들어갈 때까지 계속 인플레이볼이다. 다만 다음과 같은 경우에는 더이상 인플레이볼이 아니다.
- 그 볼을 코스에서 집어 올린 경우
- 그 볼이 분실(코스 상에 있지만 찾지 못한 경우 포함)되거나 아웃오브바운즈에 정지한 경우

용어의 정의

- 규칙에서 허용되지 않는데 교체한 경우를 포함하여, 그 볼을 다른 볼로 교체한 경우

인플레이볼이 아닌 볼은 잘못된 볼이다.

어떤 경우든, 플레이어의 인플레이볼은 하나이다(플레이어가 한 홀에서 두 개 이상의 볼을 플레이할 수 있는 제한적인 경우 – 규칙 6.3d 참조).

규칙에서 정지한 볼이나 움직이고 있는 볼을 언급하는 경우, 그것은 인플레이 상태의 볼을 의미한다.

인플레이볼의 지점을 마크하기 위하여 볼마커를 놓아두고,
 △ 그 볼을 집어 올리지 않은 경우, 그 볼은 여전히 인플레이볼이며,
 △ 그 볼을 집어 올렸다가 리플레이스한 경우, 그 볼마커를 제거하지 않았더라도 그 볼은 인플레이볼이다.

◆ **일반구역**(General Area)

일반구역이란 다음과 같이 규정된 네 가지 구역을 제외한, 코스의 모든 구역을 말한다: (1) 플레이어가 홀을 시작할 때 반드시 플레이하여야 하는 티잉구역 (2)모든 페널티구역 (3)모든 벙커 (4)플레이어가 플레이 중인 홀의 퍼팅그린.

다음과 같은 구역은 일반구역에 포함된다.
 △ 티잉구역을 제외한, 코스 상의 모든 티잉 장소
 △ 모든 잘못된 그린

◆ **일반 페널티**(General Penalty)

일반 페널티란 매치플레이에서는 홀 패, 스트로크플레이에서는 2벌타를 말한다.

◆ **일시적으로 고인 물**(Temporary Water)

일시적으로 고인 물이란 지표면에 일시적으로 고인 모든 물(예, 비 온 뒤에 생긴 물웅덩이나 저수시설 및 수역에서 흘러넘친 물)로서,
 △ 페널티구역에 있는 물을 제외하고,
 △ 플레이어가 스탠스(지면을 발로 지나치게 강하게 밟지 않고 자연스럽게 취하는 스탠스)를 취하기 전이나 취한 후에 볼 수 있는 물을 말한다.

지면이 단지 축축하거나 질퍽거리거나 무른 상태이거나 플레이어가 지면에 섰을 때만 잠깐 물이 보이는 정도로는 일시적으로 고인 물이라고 할 수 없다. 스탠스를 취하기 전이나 후에 고인 물이 보이는 상태라야 일시적으로 고인 물이라고 할 수 있다.

특별한 경우:

△ 이슬과 서리는 일시적으로 고인 물이 아니다.

△ 눈과 천연 얼음(서리는 제외)은 루스임페디먼트이며, 지면에 있는 경우에는 플레이어의 선택에 따라 일시적으로 고인 물로 간주될 수 있다.

△ 인공 얼음은 장해물이다.

◆ 자연의 힘(Natural Forces)

자연의 힘이란 바람이나 물 또는 어떤 일이 뚜렷한 이유 없이 중력 때문에 일어난 경우와 같은, 자연의 영향을 말한다.

◆ 잘못된 그린(Wrong Green)

잘못된 그린이란 플레이어가 플레이 중인 홀의 퍼팅그린을 제외한 코스 상의 모든 그린을 말한다. 잘못된 그린에는 다음과 같은 그린들이 포함된다.

△ 플레이어가 현재 플레이 중인 홀이 아닌 다른 모든 홀의 퍼팅그린

△ 임시 그린이 사용되고 있는 홀의 원래의 퍼팅그린

△ 위원회가 로컬룰로서 잘못된 그린에서 배제시키지 않은 모든 퍼팅·치핑·피칭 연습 그린 잘못된 그린은 일반구역의 일부이다.

◆ 잘못된 볼(Wrong Ball)

잘못된 볼이란 다음과 같은 볼을 제외한 모든 볼을 말한다.

△ 플레이어의 인플레이볼(원래의 볼이든 교체한 볼이든)

△ 플레이어의 프로비저널볼(규칙 18.3c에 따라 포기하기 전의 볼)

△ 스트로크플레이에서, 플레이어가 규칙 14.7b 또는 규칙 20.1c에 따라 플레이한 두 번째 볼

잘못된 볼의 예:

△ 다른 플레이어의 인플레이볼

△ 버려져 있는 볼

△ 아웃오브바운즈로 갔거나 분실되었거나, 집어 올린 후 도로 인플레이하지 않은 플레이어의 볼

◆ 잘못된 장소(Wrong Place)

잘못된 장소란 규칙에서 플레이어가 자신의 볼을 플레이할 것을 요구하거나 허용하는 장소를 제외한 코스 상의 모든 장소를 말한다.

잘못된 장소에서 플레이한 예:

용어의 정의

△ 잘못된 지점에 볼을 리플레이스한 후 플레이했거나, 규칙에 따라 리플레이스가 요구되는 경우에 리플레이스하지 않고 플레이한 경우
△ 요구되는 구제구역 밖에 드롭된 볼을 플레이한 경우
△ 잘못된 규칙에 따라 구제를 받아서, 규칙에 따라 허용되지 않는 장소에 볼을 드롭하고 규칙에 따라 허용되지 않는 장소에서 플레이한 경우
△ 플레이금지구역에서 플레이했거나, 플레이금지구역이 플레이어의 의도된 스탠스나 스윙 구역에 방해가 되는 상태에서 플레이한 경우

홀 플레이를 시작할 때 티잉구역 밖에서 볼을 플레이한 경우 또는 그 잘못을 바로잡으려고 하면서 티잉구역 밖에서 볼을 플레이한 경우는 잘못된 장소에서 플레이한 경우에 해당되지 않는다(규칙 6.1b 참조).

◆ **장비**(Equipment)

장비란 플레이어나 플레이어의 캐디가 사용하거나 착용하거나 들고 있거나 운반하는 모든 것을 말한다.

고무래처럼, 코스를 보호하는 데 사용되는 물체는 플레이어나 캐디가 들고 있거나 운반하고 있는 동안만 장비로 간주된다.

◆ **장비 규칙**(Equipment Rules)

장비 규칙이란 플레이어가 라운드 동안 사용할 수 있는 클럽이나 볼 또는 그 밖의 장비에 관한 규격과 기타 규정에 관한 규칙을 말한다. 「장비 규칙」은 RandA.org/Equipment Standards에서 찾아볼 수 있다.

◆ **장해물**(Obstruction)

장해물이란 코스와 분리할 수 없는 물체와 코스의 경계물을 제외한 모든 인공물을 말한다.

장해물의 예:
△ 인공적으로 포장된 도로와 길 및 그러한 도로나 길의 인공적인 경계부분
△ 건물이나 우천 시의 대피시설
△ 스프링클러 헤드, 배수구, 관개시설, 컨트롤박스
△ 말뚝, 벽, 철조망, 울타리(그러나 코스의 경계를 규정하거나 나타내기 위한 코스의 경계물로 사용된 경우, 이러한 물체는 장해물이 아니다)
△ 골프 카트, 잔디 깎는 기계, 자동차 및 그 밖의 차량
△ 쓰레기통, 표지판, 벤치

△ 플레이어의 장비, 깃대, 고무래

장해물에는 움직일 수 있는 장해물과 움직일 수 없는 장해물이 있다. 움직일 수 없는 장해물(예, 게이트·문·부착된 케이블 등)의 일부가 「용어의 정의」상 움직일 수 있는 장해물에 해당되는 경우, 그 부분은 움직일 수 있는 장해물로 간주된다.

「위원회 절차」섹션 8; 로컬룰 모델 F- 23 (위원회는 특정한 구제 절차가 적용되는 장해물을 움직일 수 없는 임시 장해물로 규정하는 로컬룰을 채택할 수 있다) 참조

◆ **중대한 위반**(Serious Breach)

중대한 위반이란 스트로크플레이에서 플레이어가 잘못된 장소에서 플레이함으로써 올바른 장소에서 스트로크를 할 때보다 상당히 큰 이익을 얻을 수 있었던 경우를 말한다.

이 두 가지 경우를 비교하여 중대한 위반이 있었는지 여부를 판단할 때에는 다음과 같은 요소들을 고려하여야 한다.

△ 그 스트로크의 난이도
△ 홀로부터 그 볼까지의 거리
△ 그 플레이 선 상에 있는 방해 요소의 영향
△ 그 스트로크에 영향을 미치는 상태

매치플레이에서는 플레이어가 잘못된 장소에서 플레이한 경우에 그 홀을 지게 되기 때문에 중대한 위반의 개념이 적용되지 않는다.

◆ **최대한의 구제지점**(Point of Maximum Available Relief)

최대한의 구제지점이란 벙커(규칙 16.1c)나 퍼팅그린(규칙 16.1d)에 있는 비정상적인 코스 상태로부터 가장 가까운 완전한 구제지점이 없는 경우, 그 상태로부터 페널티 없는 구제를 받기 위한 기준점을 말한다.

이 지점은 볼이 놓여야 할 것으로 추정되는 지점으로서,

△ 그 볼의 원래의 지점과 가장 가깝지만, 원래 지점보다 홀에 더 가깝지 않고,
△ 요구되는 코스의 구역에 있으며,
△ 원래의 지점에 비정상적인 코스 상태가 없었다면 플레이어가 했을 스트로크에 거의 방해가 되지 않는 지점이어야 한다.

이 기준점을 추정할 때, 플레이어는 반드시 그 스트로크에 사용했을 것과 동일한 클럽·스탠스·스윙·플레이 선을 사용하여 추정해야 한다.

플레이어가 실제 스탠스를 취하고 선택한 클럽으로 스윙을 해보면서 그 스트로크를 시연할 필요는 없다(그러나 일반적으로 플레이어가 시연해보는 것이 정확한 추정에 도움이 되므로 그렇게 할 것을 권장한다).

용어의 정의

　　최대한의 구제지점은 볼의 라이, 플레이어의 의도된 스탠스나 스윙의 구역, 플레이 선(퍼팅그린의 경우에만 해당)에 방해가 되는 정도를 상대적으로 비교하여 결정한다. 예를 들면, 일시적으로 고인 물로부터 구제를 받는 경우,

　　△ 최대한의 구제지점은 플레이어의 볼이 플레이어가 설 자리보다 물이 더 얕은 쪽(라이나 스윙보다는 스탠스에 영향을 미치는 곳)에 놓이는 지점 또는 더 깊은 쪽(스탠스보다는 라이나 스윙에 영향을 미치는 곳)에 놓이는 지점이 될 수 있다.

　　△ 퍼팅그린에서 최대한의 구제지점은 플레이어의 볼이 일시적으로 고인 물을 가장 얕은 쪽으로 또는 가장 짧게 지나게 되는 플레이 선을 기준으로 하여 결정할 수 있다.

◆ 캐디(Caddie)

캐디란 다음과 같은 방법으로 라운드 동안 플레이어를 돕는 사람을 말한다.

　　△ 클럽의 운반·이동·취급:플레이를 하는 동안 플레이어의 클럽을 운반·이동(예,카트나 트롤리로 이동)·취급하는 사람은 플레이어가 캐디로 지명하지 않았어도 그 플레이어의 캐디다. 그러나 캐디로 지명되지 않은 사람이 단지 그 플레이어의 클럽(예, 플레이어가 깜빡하고 클럽을 두고 간 경우)이나 가방을 가져다주거나 방해가 되지 않도록 카트를 치워주는 것만으로는 그 사람을 그 플레이어의 캐디라고 할 수 없다.

　　△ 어드바이스하기:플레이어의 캐디(파트너와 파트너의 캐디 포함)는 그 플레이어가 어드바이스를 구할 수 있는 유일한 사람이다.

캐디는 또한 규칙에 따라 허용되는 그 밖의 방법으로도 플레이어를 도울 수 있다(규칙 10.3b 참조).

◆ 코스(Course)

코스란 다음과 같이 위원회가 정한 모든 경계 안의 플레이 구역 전체를 말한다.

　　△ 코스의 경계 안의 모든 구역은 인바운즈로서, 코스의 일부이다.
　　△ 코스의 경계 밖의 모든 구역은 아웃오브바운즈로서, 코스의 일부가 아니다.
　　△ 코스의 경계는 지면으로부터 위와 아래, 양 방향으로 연장된다.

코스는 코스의 구역으로 규정된 다섯 가지 구역으로 이루어진다.

◆ 코스와 분리할 수 없는 물체(Integral Object)

코스와 분리할 수 없는 물체란 반드시 있는 그대로 플레이하여야 하며 그것으로부터 페널티 없는 구제가 허용되지 않는, 코스의 일부로 위원회가 규정한 인공물을 말한다.

코스와 분리할 수 없는 물체는 움직일 수 없는 것으로 간주된다(규칙 8.1a 참조). 다만 코스와 분리할 수 없는 물체의 일부(예, 게이트·문·부착된 케이블 등)가 「용어의 정의」상 움직

일 수 있는 장해물에 해당되는 경우, 그 부분은 움직일 수 있는 장해물로 간주된다.
위원회가 코스와 분리할 수 없는 물체로 규정한 인공물은 장해물도 아니고 코스의 경계물도 아니다.

◆ **코스의 경계물**(Boundary Object)
코스의 경계물이란 벽·울타리·말뚝·철책처럼, 그것으로부터 페널티 없는 구제가 허용되지 않는, 아웃오브바운즈임을 규정하고 나타내는 인공물을 말한다.
경계 울타리의 받침대와 기둥은 코스의 경계물에 포함되지만, 다음과 같은 것들은 포함되지 않는다.
△ 벽이나 울타리를 받치는 데 쓰인 비스듬한 지지대나 당김줄
△ 그 벽이나 울타리를 넘는 데 사용되는 계단이나 다리 또는 그와 유사한 구조물
그 전체나 일부가 움직일 수 있는 것이라도, 코스의 경계물은 움직일 수 없는 것으로 간주된다(규칙 8.1a 참조).
코스의 경계물은 장해물이 아니며 코스와 분리할 수 없는 물체도 아니다.

◆ **코스의 구역**(Areas of the Course)
코스의 구역이란 코스를 이루는 구역으로 규정된 다섯 가지 구역을 말한다.
△ 일반구역
△ 플레이어가 홀을 시작할 때 반드시 플레이하여야 하는 티잉구역
△ 모든 페널티구역
△ 모든 벙커
△ 플레이어가 플레이 중인 홀의 퍼팅그린

◆ **클럽 길이**(Club-Length)
클럽 길이란 플레이어가 라운드 동안 가지고 있는 14개(또는 그 이하)의 클럽들(규칙 4.1b(1)에 허용된 클럽들) 중에서 퍼터를 제외한, 가장 긴 클럽의 길이를 말한다.
예를 들면, 플레이어가 라운드 동안 가지고 있는 클럽들(퍼터 제외) 중 가장 긴 클럽이 43인치(109.22센티미터) 길이의 드라이버인 경우, 그 라운드 동안 그 플레이어의 한 클럽 길이는 43인치이다.
클럽 길이는 그 플레이어의 각 홀의 티잉구역을 규정하거나 규칙에 따른 구제를 받을 때 그 플레이어의 구제구역의 크기를 결정하는 데 사용된다.

용어의 정의

◆ **티**(Tee)

티란 티잉구역에서 볼을 플레이하기 위하여 그 볼을 지면 위에 올려놓는 데 사용하는 물체를 말한다. 티는 반드시 그 길이가 4인치(101.6밀리미터) 이하인 것이어야 하며 「장비 규칙」에 적합한 것이어야 한다.

◆ **티잉구역**(Teeing Area)

티잉구역이란 플레이어가 홀 플레이를 시작할 때 반드시 플레이하여야 하는 구역을 말한다.

티잉구역은 두 클럽 길이의 깊이를 가진 직사각형 구역으로,

△ 그 앞쪽 경계는 위원회가 설정한 두 개의 티마커의 맨 앞부분의 점들을 이은 선으로 규정되며, △ 그 좌우 경계는 두 개의 티마커의 바깥쪽 점들로부터 후방으로 두 클럽 길이 이내로 규정된다.

티잉구역은 코스의 구역으로 규정된 다섯 가지 구역 중 하나이다.

코스 상의 다른 모든 티잉 장소(같은 홀에 있든 다른 홀에 있든)는 일반구역의 일부이다.

◆ **파/보기**(Par/Bogey)

파/보기란 매치플레이와 같은 스코어 산정 방법을 사용하는 스트로크플레이의 한 방식을 말한다.

△ 플레이어나 편이 위원회가 정한 고정된 목표 스코어보다 적은 타수(스트로크 수와 벌타의 합)로 홀을 끝내면 그 홀을 이기고, 더 많은 타수로 홀을 끝내면 그 홀을 지게 되며,

△ 진 홀 대비 이긴 홀의 총수(이긴 홀은 더하고 진 홀은 뺀다)가 가장 많은 플레이어나 편이 그 경기의 우승자가 된다.

◆ **파트너**(Partner)

파트너란 매치플레이나 스트로크플레이에서, 다른 플레이어와 한 편을 이루어 함께 경쟁하는 플레이어를 말한다.

◆ **퍼팅그린**(Putting Green)

퍼팅그린이란

△ 플레이어가 플레이 중인 홀에서 퍼팅을 하도록 특별하게 조성된 구역

△ 또는 위원회가 퍼팅그린으로 규정한 구역(예, 임시 그린을 사용하는 경우)을 말한다.

각 홀의 퍼팅그린에는 플레이어가 볼을 플레이하여, 그 볼을 그 안에 들어가도록 하려는

홀이 있다.

퍼팅그린은 코스의 구역으로 규정된 다섯 가지 구역 중 하나이다. 다른 모든 홀(플레이어가 현재 플레이 중이 아닌 홀들)의 퍼팅그린들은 잘못된 그린이며, 일반구역의 일부이다.

퍼팅그린의 경계는 위원회가 그 경계를 달리 규정(예, 선이나 점으로 표시)하지 않는 한, 퍼팅그린이 시작되는 곳임을 알아볼 수 있는 곳(예, 다른 부분과 확연하게 구분될 정도로 잔디가 짧게 깎인 곳)으로 규정된다.

하나의 그린이 서로 다른 두 홀의 그린으로 사용되는 더블 그린의 경우,

△ 두 개의 홀이 있는 더블 그린 전체는 각 홀을 플레이하는 경우에 그 홀의 퍼팅그린으로 간주된다.

△ 다만 위원회는 그 더블 그린을 두 개의 다른 퍼팅그린으로 나누는 경계를 규정할 수 있으며, 플레이어가 어느 한 홀을 플레이하는 경우, 다른 홀의 퍼팅그린으로 사용되는 부분은 잘못된 그린이다.

◆ **페널티구역**(Penalty Area)

페널티구역이란 플레이어의 볼이 그곳에 정지한 경우, 1벌타 구제가 허용되는 구역을 말한다.

페널티구역은

△ 바다·호수·연못·강·도랑·지표면의 배수로·하천(건천 포함)을 포함한, 코스 상의 모든 수역(위원회의 표시 여부와 관계없이)과

△ 위원회가 페널티구역으로 규정한, 코스의 모든 부분을 말한다.

페널티구역은 코스의 구역으로 규정된 다섯 가지 구역 중 하나이다.

페널티구역에는 두 가지 다른 유형의 페널티구역이 있으며, 각 구역은 그것을 표시하는 데 사용된 색깔로 구별된다.

△ 노란 페널티구역(노란 선이나 노란 말뚝으로 표시)으로부터 구제를 받는 경우, 두 가지 구제 방법(규칙 17.1d(1),(2))이 있다.

△ 빨간 페널티구역(빨간 선이나 빨간 말뚝으로 표시)으로부터 구제를 받는 경우, 노란 페널티구역에 대한 두 가지 구제 방법과 측면 구제 방법(규칙 17.1d(3))을 추가로 이용할 수 있다.

위원회가 어떤 페널티구역의 색깔을 표시하지 않은 경우, 그 페널티구역은 빨간 페널티구역으로 간주된다.

페널티구역의 경계는 지면으로부터 위와 아래,양 방향으로 연장된다.

△ 즉, 페널티구역의 경계 안에 있는 모든 지면과 물체(예, 자연물과 인공물)는 지면에 있든 지면의 위·아래에 있든 모두 페널티구역의 일부라는 것을 의미한다.

용어의 정의

　△ 어떤 물체가 페널티구역의 경계 안팎으로 양쪽에 걸쳐 있는 경우(예, 페널티구역 위를 지나는 다리나 그 경계 안에 뿌리를 둔 나무의 가지가 그 경계 밖으로 뻗어 나갔거나 그 반대인 경우)에는 그 경계 안에 있는 부분만 페널티구역의 일부이다.

페널티구역의 경계는 말뚝이나 선 또는 지형으로 규정되어야 한다.

　△ 말뚝: 말뚝으로 규정된 경우, 페널티구역의 경계는 그 말뚝과 지면의 가장 바깥쪽 접점들을 이은 선으로 규정되며, 말뚝 자체는 페널티구역 안에 있는 것이다.
　△ 선: 지면 위에 칠한 선으로 규정된 경우, 페널티구역의 경계는 그 선의 외곽선이며, 선 자체는 페널티구역에 있는 것이다.
　△ 지형: 지형(예, 해변·사막지역·옹벽)으로 규정된 경우, 위원회는 페널티구역의 경계를 명확하게 규정하여야 한다.

페널티구역의 경계가 선이나 지형으로 규정된 경우, 말뚝은 그곳이 페널티구역이라는 것을 나타내기 위하여 사용될 뿐 다른 의미는 없다.

위원회가 어떤 수역의 경계를 규정하지 않은 경우, 그 페널티구역의 경계는 그 수역의 자연적인 경계(즉, 물을 가둘 수 있는 우묵한 지형의 내리막 경사가 시작되는 부분)로 규정된다.

평소에는 물이 없는 하천의 경우(우기를 제외하고는 주로 말라 있는 배수로나 지표수가 흐르던 구역), 위원회는 그 구역을 일반구역의 일부(즉, 페널티구역이 아니라는 의미)로 규정할 수 있다.

◆ 편(Side)

편이란 매치플레이나 스트로크플레이의 라운드에서 하나의 단위로서 경쟁하는 두 명 이상의 파트너들을 말한다.

각 파트너가 각자 자신의 볼을 플레이(포볼)하든, 하나의 볼을 파트너들이 번갈아 플레이(포섬)하든, 파트너들의 각 단위는 하나의 편이다.

편과 팀은 다른 개념이다. 팀 경기에서 각 팀은 개인 플레이어로서 경쟁하거나 편으로서 경쟁하는 플레이어들로 이루어진다.

◆ 포볼(Four-Ball)

포볼이란 각자 자신의 볼을 플레이하는 두 명의 파트너로 이루어진 편들이 경쟁하는 플레이 방식을 말한다. 편의 홀 스코어는 두 파트너 중 그 홀에서 더 낮은 스코어를 낸 파트너의 스코어이다.

포볼은 두 명의 파트너로 이루어진 한 편과 두 명의 파트너로 이루어진 다른 한 편의 매치플레이 경기로 플레이될 수도 있고, 두 명의 파트너로 이루어진 여러 편들의 스트로크플레이 경기로 플레이될 수도 있다.

◆ 포섬(번갈아 치는 샷)(Foursomes(Alternative Shot))

포섬이란 한 편을 이룬 두 명의 파트너가 각 홀에서 하나의 볼을 번갈아 플레이하며 다른 편과 경쟁하는 플레이 방식을 말한다.

포섬은 두 명의 파트너로 이루어진 한 편과 두 명의 파트너로 이루어진 다른 한 편의 매치플레이 경기로 플레이될 수도 있고, 두 명의 파트너로 이루어진 여러 편들의 스트로크플레이 경기로 플레이될 수도 있다.

◆ 프로비저널볼(Provisional Ball)

프로비저널볼이란 플레이어가 방금 플레이한 볼이 다음과 같이 된 경우에 플레이한 다른 볼을 말한다.

△ 아웃오브바운즈로 갔을 수도 있는 경우
△ 페널티구역 밖에서 분실되었을 수도 있는 경우

프로비저널볼이 규칙 18.3c에 따라 인플레이볼이 되지 않는 한, 그 볼은 플레이어의 인플레이볼이 아니다.

◆ 플레이금지구역(No Play Zone)

플레이금지구역이란 위원회가 플레이를 금지시킨, 코스의 일부를 말한다. 플레이금지구역은 반드시 비정상적인 코스 상태의 일부이거나 페널티구역의 일부로 규정되어야 한다.

위원회는 다음과 같은 이유로 플레이금지구역을 설정할 수 있다.

△ 야생식물·동물의 서식지·환경적으로 취약한 구역을 보호하기 위하여
△ 묘목·화단·잔디 재배지·잔디를 이식한 구역·그 밖의 조림구역이 훼손되는 것을 막기 위하여
△ 플레이어를 위험으로부터 보호하기 위하여
△ 역사적으로나 문화적으로 의미 있는 장소를 보존하기 위하여

위원회는 플레이금지구역의 경계를 선이나 말뚝으로 규정하여야 하며, 그 선이나 말뚝(또는 말뚝의 윗부분)이 그 구역이 플레이금지구역이 없는 일반적인 비정상적인 코스 상태나 페널티구역과는 다른 플레이금지구역임을 명확하게 나타내야 한다.

◆ 플레이 선(Line of Play)

플레이 선이란 플레이어가 스트로크를 하여 볼을 보내고자 하는 선을 말하며, 그 선으로부터 지면 위와 그 선 양옆의 합리적인 거리에 있는 구역들을 포함한다.

용어의 정의

플레이 선이 반드시 두 지점 사이의 직선이어야 하는 것은 아니다(즉, 플레이어가 그 볼을 보내고자 하는 방향에 따라 곡선이 될 수도 있다).

◆ **홀**(Hole)

홀이란 퍼팅그린에서 그 홀의 플레이를 끝내는 지점을 말한다.

△ 홀의 직경은 반드시 4.25인치(108밀리미터)여야 하며, 그 깊이는 4인치(101.6밀리미터) 이상이어야 한다.

△ 홀 안에 원통이 사용된 경우, 그 원통의 외경은 4.25인치(108밀리미터)를 넘지 않는 것이어야 한다. 퍼팅그린의 흙의 특성상 그 그린의 표면에 더 가깝게 묻힐 수밖에 없는 경우가 아닌 한, 원통은 반드시 그 표면으로부터 적어도 1인치(25.4밀리미터) 아래에 묻혀야 한다.

규칙에서 사용하는 '홀'(「용어의 정의」상 홀이 아닌)은 특정한 티잉구역·퍼팅그린·홀과 관련된 코스의 일부를 말한다. 한 홀의 플레이는 티잉구역에서 시작되고, 그 볼이 퍼팅그린에 있는 홀에 들어갈 때(또는 규칙에서 홀이 끝난 것으로 규정할 때) 끝난다.

◆ **홀에 들어가다**(Holed)

홀에 들어가다란 스트로크 후 볼이 홀 안에 정지하고 그 볼 전체가 퍼팅그린의 표면 아래 있는 상태를 말한다.

규칙에서 '홀아웃하다' 또는 '홀아웃'이라고 언급하는 경우, 그것은 플레이어의 볼이 홀에 들어간 것을 의미한다.

볼이 홀에 꽂혀 있는 깃대에 기댄 채 정지한 경우에 대해서는 규칙 13.2c를 참조한다(볼의 일부라도 퍼팅그린의 표면 아래에 있는 경우, 그 볼은 홀에 들어간 것으로 간주된다).

[부록] 규칙 찾아보기

〈숫자·영어〉
- 10초가 지나기 전에 홀에 걸쳐있는 볼을 상대방이나 다른 플레이어가 집어올리거나 움직인 경우 [29] ······ 76
- OB 경계는 정확히 어디인가? [그늘집 11] ······ 250
- OB나 분실시 로컬룰로 허용하면 2벌타를 받고 앞으로 나가 페어웨이에 드롭하고 칠 수 있다 [94] ······ 244
- 1번홀에서 플레이할 때 2~18번홀 그린은 '일반구역'이다 [74] ······ 186

〈가〉
- 거리측정기 사용시에도 '요주의' [58] ······ 146
- 겨울철에 핫팩에 데운 볼을 사용하면 곧바로 실격이다 [57] ······ 144
- 고양이든 맥주든 외워두면 쓸모있다 [그늘집 10] ······ 234
- 구제구역에 드롭한 볼을 구제구역 밖에서 치는 유일한 경우 [7] ······ 28
- 구제구역이란 [2] ······ 18
- 구제를 받을 경우에는 언제든지, 매번 볼을 바꿀 수 있다 [47] ······ 120
- 규칙에 따라 구제받고 드롭한 볼은 일반구역에 박혀도 구제받지 못한다 [45] ······ 116
- 깃대를 홀에 꽂은 채 퍼트할 수 있고, 볼이 깃대를 맞아도 페널티가 없다 [18] ······ 54

〈나〉
- 나무 위 볼은 발견·확인 과정에서 우연히 움직여도 페널티가 없다 [36] ······ 94

〈다〉
- 다른 볼이 움직이고 있는 도중이라도 퍼팅그린에 정지한 볼을 집어올릴 수 있다 [66] ······ 166
- 두 가지의 코스의 구역이 있는 구제구역에서 드롭할 경우 첫 번째 낙하지점이 기준이 된다 [6] ······ 26
- 드롭 과정에서 볼이 플레이어의 몸이나 장비에 닿으면? [9] ······ 32
- 드롭존은 곧 구제구역이다 [12] ······ 38
- 드롭을 올바르게 하는 세 가지 원칙 [1] ······ 16
- 드롭한 볼을 고의로 방향을 바꾸거나 멈추게 한 경우 다음 절차와 관계없이 페널티가 부과된다 [15] ······ 44
- 드롭한 볼이 경사를 타고 구제구역을 벗어날 경우 누구든지 집을 수 있다 [13] ······ 40
- 드롭한 볼이 기준점을 표시한 티에 먼저 맞을 경우 다시 드롭해야 한다 [14] ······ 42
- 드롭한 볼이 벙커로 굴러들어갈 경우 다른 볼로 드롭하라 [10] ······ 34

[부록] 규칙 찾아보기

〈라〉
- 라운드 중 손상된 클럽은 남은 '그 라운드'에서 사용할 수 있다 [52] 134
- 라운드 중 손상된 클럽도 교체할 수 있는 길이 열렸다 [54] 138
- 라운드 중 클럽의 성능을 고의로 변화시켰어도 스트로크전 원상복구하면 '노 페널티' [55] 140
- '레디 골프'를 허용하고 권장한다 [68] 174
- '레디 골프'에서 '굿 샷'은 천천히 그리고 작은 소리로 외쳐도 충분히 그 뜻이 전달된다 [그늘집 7] 190

〈마〉
- '마지막 홀 퍼팅그린을 떠나기 전에'가 '스코어카드를 제출하기 전에'로 시한이 늦춰진 다섯 가지 경우 [69] 176
- 매치플레이에서 컨시드를 오해하고 볼 집어올릴 경우 무벌타 [92] 240
- 매치플레이와 스트로크플레이를 결합한 경기도 가능해졌다 [91] 238
- 모래와 흩어진 흙은 루스 임페디먼트가 아니지만 퍼팅그린에서는 제거할 수 있다 [21] 60

〈바〉
- 박힌 볼 구제를 받는 기준점과 구제구역이 달라졌다 [43] 112
- 박힌 볼은 일반구역에서만 구제받는다 [42] 110
- 번갈아 치는 샷(포섬) [16] 46
- 벙커에서 루스 임페디먼트를 제거할 수 있다 [87] 226
- 벙커에서 해서는 안되는 일 네 가지는? [89] 230
- 벙커에서도 볼 주변의 모래 아래 상태를 알아보기 위해 찔러보는 행동이 허용된다 [88] 228
- 변형된 볼은 볼 교체 사유가 아니다 [56] 142
- 볼마커를 둔 채 스트로크하면 1벌타가 따른다 [26] 70
- 볼마커를 옮겨달라는 요구를 거절하면 일반 페널티를 받는다 [50] 126
- 볼 움직임은 확실하게 포착됐을 경우에만 움직인 것으로 간주된다 [62] 158
- 볼 위치를 마크하는데 나뭇잎은 사용할 수 없다 [27] 72
- 볼을 리플레이스할 때 다른 볼을 사용할 수 있는 경우는 네 가지다 [35] 92
- 볼을 발견하거나 확인하는 과정에서 우연히 볼을 움직여도 페널티가 없다 [60] 154
- 볼을 찾다가도 시간이 허용할 경우 되돌아가 프로비저널볼을 칠 수 있다 [39] 100
- 볼을 확인하기 위해 집어올릴 때 마커나 다른 플레이어에게 사전통보할 필요가 없어졌다

[31] …… 84
- 볼 찾는 시간은 3분이지만, 확인하기까지는 '플러스 알파'가 있다 [30] …… 82
- 볼이 움직였다면 그 원인은 네 가지 중 하나다 [63] …… 160
- 볼이 움직이고 있을 때 컨시드를 주면? [67] …… 168
- 볼이 카트도로에 맞고 튀었을 지도 모르는 상황에서는 원래의 볼이 있을 것으로 추정되는 지점을 멀리 설정한다 [그늘집 2] …… 78
- 볼이 퍼팅그린에 있을 때에도 플레이어와 그 캐디는 스트로크하기 전에 플레이 선을 건드릴 수 있다 [24] …… 66
- 부상당하거나 몸이 아플 경우 회복에 허용되는 시간은 최대 15분 [그늘집 12] …… 262
- 비디오 증거가 있을 때에도 '육안' 기준을 우선한다 [100] …… 260
- 빨간 페널티구역의 맞은편 측면 구제는 원칙적으로 없어졌다 [85] …… 218

〈사〉
- 상태를 개선했더라도 스트로크 전에 복원하면 페널티를 면할 수 있다 [37] …… 96
- 스탠스를 취하는데 도움이 되는 물체를 놓아둬서는 안된다 [80] …… 204
- 스트로크플레이라도 그날 자신의 마지막 라운드를 끝낸 후에는 그 코스에서 연습할 수 있다 [72] …… 182

〈아〉
- 아마추어 골퍼들을 위해 홀아웃 안해도 되는 '맥시멈스코어' 방식을 도입했다 [93] …… 242
- 어드바이스가 될만한 정보를 얻기 위해 다른 플레이어의 클럽이나 골프백을 만지면 안된다 [76] …… 194
- '얼라인먼트 스틱'은 라운드 중 스트레칭 용으로만 써야 한다 [59] …… 148
- 어프로치샷한 볼이 홀에서 약 5cm 떨어진 곳에 멈출 경우 '10초 룰'은 지워버려라 [그늘집 3] …… 106
- 언플레이어블볼 구제시 한 번 더 생각을… [그늘집 9] …… 220
- 여러 번의 규칙 위반에 대한 페널티 적용은? [70] …… 178
- 올바르지 않은 방법으로 드롭한 볼을 스트로크하면 1벌타 또는 일반 페널티를 받는다 [4] …… 22
- 올바른 방법으로 드롭한 볼은 반드시 구제구역에 정지해야 완전한 구제가 된다 [3] …… 20
- 우박에 의한 퍼팅그린 손상은 수리할 수 있다 [23] …… 64
- 움직이고 있는 볼이 우연히 플레이어나 캐디·장비를 맞혀도 페널티가 없다 [64] …… 162
- 움직인 볼의 원래 위치를 모를 경우에도 리플레이스해야 한다 [61] …… 156
- 원래의 볼과 프로비저널볼을 구별할 수 없을 때의 간단한 해결 '공식' [41] …… 104

[부록] 규칙 찾아보기

- 원래의 볼이 있을 것으로 추정되는 지점에서 프로비저널볼을 플레이했어도 프로비저널볼 자격을 잃지 않는다 [40] …… 102
- 원상복구하면 페널티가 면제되는 상황들 [38] …… 98
- 이왕이면 구제구역 안에 서서 드롭하는 것이 어떨까 [그늘집 6] …… 170
- 일반구역에 박힌 볼도 구제를 받지 못할 수 있다 [44] …… 114
- 임시 움직일 수 없는 장해물로부터 구제시 플레이어의 선택폭이 넓어졌다 [95] …… 246

〈자〉
- 잘못된 그린에 스탠스가 걸려도 꼭 구제받아야 한다 [46] …… 118
- 잘못된 그린이나 플레이금지구역에 드롭은 할 수 있다 [11] …… 36
- '재드롭' 대신 '두 번째 드롭'과 '다시 드롭'이란 말이 쓰인다 [5] …… 24
- 좋은 습관이 1~2타를 줄인다 [그늘집 1] …… 48

〈카〉
- 카트도로 구제시 새 볼로 드롭할 수 있다 [48] …… 122
- 캐디에게 허용되지 않는 행동은 크게 다섯 가지다 [79] …… 202
- '클럽 길이'란? [51] …… 132

〈타〉
- '탭-인' 거리 퍼트시 깃대를 반드시 제거한다 [그늘집 4] …… 128
- 턱 높은 벙커에서 나올 수 있는 길이 열렸다 [90] …… 232
- '투 터치'해도 페널티없이 1타로 계산한다 [33] …… 88
- 티잉구역에서 헛친 후 볼이 땅에 떨어져도 다시 티업하고 칠 수 있다 [73] …… 184

〈파〉
- 퍼팅그린에서 볼마크는 항상 캐디 몫으로 두는게 어떨지 [그늘집 5] …… 150
- 퍼팅그린에서 수리할 수 없는 네 가지 [25] …… 68
- 퍼팅그린에서 우연히 볼을 움직인 경우 '노 페널티' [65] …… 164
- 퍼팅그린에서 자연의 힘에 의해 움직인 볼은 리플레이스 여부에 따라 플레이 장소가 달라진다 [22] …… 62
- 퍼팅그린에서는 도움·방해되는 볼 모두, 퍼팅그린 이외의 곳에서는 방해되는 볼만 집어올려 달라고 요구할 수 있다 [75] …… 188
- 퍼팅그린의 스파이크 자국을 수리할 수 있다 [17] …… 52
- 퍼팅그린 이외의 곳에서 집어올린 볼을 닦을 수 없거나 제한이 따르는 네 경우 [34] …… 90

- 퍼팅그린 이외 지역에서도 플레이 선을 가로지르거나 밟고 선 채 스트로크를 할 수 없다 [그늘집 12] …… 263
- 페널티구역과 일반구역의 경계로 볼이 날아갈 경우 프로비저널볼을 치고나가는 것이 현명하다 [그늘집 8] …… 206
- 페널티구역 구제를 받기 위해서는 95%의 확률을 확보해야 한다 [83] …… 214
- 페널티구역내 플레이금지구역에 볼이 있을 경우 반드시 페널티 구제를 받아야 한다 [84] …… 216
- 페널티구역에서도 플레이하기 전에 클럽을 지면이나 수면에 대고, 연습스윙하면서 잔디를 파내도 된다 [81] …… 210
- 페널티구역의 한계가 넓어졌다 [82] …… 212
- 포섬·포볼 경기에서 파트너중 누구라도 드롭할 수 있다 [16] …… 46
- '프리퍼드 라이' 적용시 볼 집어올리기 전에 마크 필요없고 놓을 땐 새 볼을 쓸 수 있다 [96] …… 248
- 플레이어가 실제 스트로크를 위한 스탠스를 취한 후에는 원칙적으로 캐디의 '뒤봐주기'를 받을 수 없다 [77] …… 196
- 플레이어가 집어든 볼을 캐디가 리플레이스하면 1벌타다 [28] …… 74
- 플레이어의 위임을 받은 경우에만 할 수 있는 캐디의 행동 [78] …… 200
- 플레이어의 '합리적 판단'이 존중된다 [99] …… 258
- 플레이오프에 앞서 손상된 클럽 유무를 확인해야 한다 [53] …… 136
- 플레이 중단시 라이가 변경된 경우의 선택 사항들 [71] …… 180

〈하〉
- 한 스트로크에 주어진 시간은 최대 40초 [32] …… 86
- 행동거지 잘 못하면 페널티 받는다 [97] …… 254
- 홀에 걸쳐 있는 볼이 플레이어가 깃대를 제거한 후 움직일 경우 처리방법은 세 가지 [20] …… 58
- 홀에 꽂혀있는 깃대에 기댄 채 정지한 볼 처리는? [19] …… 56
- 화가 나서 한 행동이 모두 용서받는 것은 아니다 [98] …… 256
- 후방선 구제는 한 클럽 길이 이내에, 측면 구제는 두 클럽 길이 이내에 드롭해야 한다 [8] …… 30
- 후방선 구제시 기준점보다 홀에 가까이 가면 원칙적으로 안된다 [49] …… 124
- 흙으로 된 벙커 측벽과 턱은 벙커가 아니라 일반구역이다 [86] …… 224

2019년 달라진 골프 규칙 - 꼭 알아야 할 100가지

처음 펴낸날	2019년 2월 28일
제2쇄	2019년 7월 16일
지은이	김경수
펴낸이	박상영
펴낸곳	정음서원
주 소	서울시 관악구 서원 7길 24번지 102호
전 화	02-877-3038 fax. 02-6008-9469
신고번호	제 2010-000028 호
신고일자	2010년 4월 8일

ⓒ김경수, 2019
ISBN 979-11-950324-8-8 13690

값 10,000원

※ 이 책은 저작권법의 보호를 받는 저작물이므로 무단 복제 및 전재를 금합니다.
※ 잘못된 책은 바꾸어 드립니다.